Ah, se eu pudesse voltar no Tempo!

Ah, Se Eu Pudesse Voltar no Tempo!

1-02-06-20.000

Direção editorial: **Flávio Machado**
Assistente editorial: **Dirce Yukie Yamamoto**
Chefe de arte: **Marcio da Silva Barreto**
Capa (criação): **Júlia Machado**
Diagramação: **Ricardo Brito**
Revisão: **Maria Aiko Nishijima**
Fotolito da capa: **Digigraphic**
Impressão: **Bartira Gráfica e Editora S/A**

Dados Internacionais de Catalogação na Publicação (CIP)
(Câmara Brasileira do Livro, SP, Brasil)

Carlos, Antônio (Espírito).
Ah, se eu pudesse voltar no tempo! / relatos de ex-tôxicomos com explicações do Espírito Antônio Carlos ; psicografado pela médium Vera Lúcia Marinzeck de Carvalho. – São Paulo : Petit, 2006.

ISBN 85-7253-137-8

1. Espiritismo 2. Psicografia 3. Romance brasileiro
I. Carvalho, Vera Lúcia Marinzeck de II. Título.

05-8605 CDD: 133.93

Índices para catálogo sistemático:
1. Romances espíritas: Espiritismo 133.93

Impresso no Brasil, no verão de 2006.

Prezado leitor(a),

Caso encontre neste livro alguma parte que acredita que vai interessar ou mesmo ajudar outras pessoas e decida distribuí-la por meio da internet ou outro meio, nunca deixe de mencionar a fonte, pois assim estará preservando os direitos do autor e conseqüentemente contribuindo para uma ótima divulgação do livro.

Ah, se eu pudesse voltar no Tempo!

Relatos de ex-toxicômanos com explicações do Espírito

Antônio Carlos

Psicografado pela médium

Vera Lúcia Marinzeck de Carvalho

petit editora

Rua Atuaí, 383/389 – Vila Esperança/Penha
CEP 03646-000 – São Paulo – SP
Fone: (0xx11) 6684-6000
Endereço para correspondência:
Caixa Postal 67545 – Ag. Almeida Lima
03102-970 – São Paulo – SP

www.petit.com.br
petit@petit.com.br

Livros da médium
VERA LÚCIA MARINZECK DE CARVALHO

Da própria médium:

- *Conforto Espiritual*

Psicografados:

Com o Espírito Antônio Carlos

- *Reconciliação*
- *Cativos e Libertos*
- *Copos Que Andam*
- *Filho Adotivo*
- *Reparando Erros de Vidas Passadas*
- *A Mansão da Pedra Torta*
- *Palco das Encarnações*
- *Histórias Maravilhosas da Espiritualidade*
- *Muitos São os Chamados*
- *Reflexos do Passado*
- *Aqueles Que Amam*
- *O Diário de Luizinho* (infantil)
- *Novamente Juntos*
- *A Casa do Penhasco*
- *O Mistério do Sobrado*
- *O Último Jantar*
- *O Jardim das Rosas*
- *Morri! E Agora?*
- *O Sonâmbulo*
- *Sejamos Felizes*
- *O Céu Pode Esperar*
- *Ah, Se Eu Pudesse Voltar no Tempo*

Com o Espírito Patrícia

- *Violetas na Janela*
- *A Casa do Escritor*
- *Vivendo no Mundo dos Espíritos*
- *O Vôo da Gaivota*

Com o Espírito Rosângela

- *Nós, os Jovens*
- *A Aventura de Rafael* (infantil)
- *Aborrecente, Não. Sou Adolescente!*
- *O Sonho de Patrícia* (infantil)
- *Ser ou Não Ser Adulto*
- *O Velho do Livro* (infantil)
- *O Difícil Caminho das Drogas*
- *Flores de Maria*

Com o Espírito Jussara

- *Cabocla*

Com espíritos diversos

- *Valeu a Pena!*
- *O Que Encontrei do Outro Lado da Vida*
- *Deficiente Mental: Por que Fui Um?*

Livros em outros idiomas

- *Violets on the Window*
- *Violetas en la Ventana*
- *Violoj sur Fenestro*
- *Reconciliación*
- *Deficiente Mental: ¿Por que Fui Uno?*
- *Viviendo en el Mundo de los Espíritus*

Sumário

Introdução

– Ah, se eu pudesse voltar no tempo! – exclamam muitos.

Sempre escutamos isso, principalmente dos que sentem remorso. Querem modificar o passado ou alguns acontecimentos.

Praticamos atos indevidos e quando recebemos as reações destes, que normalmente nos fazem sofrer, arrependemo-nos. E se não queremos praticar os mesmos atos de novo, é sinal de que a dor nos ensinou. E sem esse aprendizado, se voltássemos ao passado, agiríamos como? Do mesmo modo ou diferente?

Não podemos refazer o que já foi feito, mas podemos sempre recomeçar.

Muito se tem escrito e falado que tóxicos fazem mal à saúde e até mesmo ao espírito, que causam muito sofrimento aos dependentes e aos seus familiares. Neste livro, não damos ênfase aos danos que fazem ao corpo físico. Os convidados, ao fazerem seus relatos, ficaram à vontade para narrar a desventura que foi ter as drogas no seu caminho. Todos já mudaram para o plano espiritual, sendo assim, podem tanto descrever as dificuldades que passaram quando encarnados como as que tiveram ao enfrentar a desencarnação. Os danos que causaram a si mesmos foram muitos. Estão padecendo pelo abuso que praticaram e sofrerão muito até se harmonizarem espiritualmente.

Este não é um livro científico, mas de relatos emocionantes e verdadeiros. Pedi a todos que não usassem gírias e designassem as drogas pelos nomes reais, porque as gírias mudam, como também que respondessem nas suas narrativas: o porquê de seu envolvimento com os tóxicos, se sentiram remorso, qual foi o maior sofrimento deles e os planos para o futuro.

Esperamos que o leitor por meio desses relatos compreenda mais sobre esse flagelo que tanto tem feito muitos sofrerem e desmoronado lares.

Antônio Carlos
INVERNO DE 2005

1

O Recuperado

Zezinho

Peguei o envelope que continha os resultados dos meus exames. Embora não tendo certeza, sabia o que estava escrito. Não abri, esperei o doutor Miguel chegar ao hospital para entregar a ele.

Havia feito muitos exames, e todos ali mesmo no hospital em que trabalhava. Quando comecei a ter má digestão, dores no abdome e mal-estares, marquei uma consulta com um clínico geral, que, após examinar-me, recomendou que fosse consultar o doutor Miguel, um oncologista.

– Não se preocupe, Zezinho, o doutor Miguel não trata somente de câncer, ele é um ótimo gastro – o médico tentou me tranqüilizar.

Tentei ficar tranqüilo e pensei:

"Todos nós vamos morrer e tem de haver um motivo".

E os dias passaram lentos. A expectativa de estar com uma doença grave me fez ser mais dedicado e atencioso com os doentes. A sensação que senti foi estranha e confusa. Todos nós sabemos que vamos morrer, desencarnar, mas quando nos vemos diante de fato perigoso, uma doença que nós dá a certeza dessa mudança, sentimos medo, agonia. A incerteza do que encontraremos do outro lado da vida nos faz ficar carentes, inseguros, e aí percebemos que de fato necessitamos de ajuda e do próximo.

Sentado à frente da escrivaninha do doutor Miguel, esperei que ele abrisse o envelope e lesse com atenção seu conteúdo. Atencioso, como sempre, ele falou com voz agradável:

– Zezinho, como temíamos, os exames deram positivo.

– Estou com câncer? No fígado? – perguntei com voz baixa.

– Os tumores já se alastraram e....

– O que o senhor sugere? – indaguei-lhe.

– Não creio que uma cirurgia resolva. Mas se você quiser tentar... O melhor é fazermos a quimioterapia. Quer ser afastado do trabalho?

– Não, por favor, deixe-me trabalhar enquanto agüentar – pedi.

Marcamos as sessões de quimioterapia. Despedi-me do doutor Miguel e voltei ao trabalho. Esforcei-me para não pensar na doença. Todas as vezes que me vinha à mente o resultado dos exames, voltava toda minha atenção ao que estava fazendo e tentava animar os enfermos:

– Logo o senhor estará melhor!

– Irá com certeza dormir tranqüilo!

Meus companheiros de trabalho quiseram saber do resultado.

– Estou com câncer – respondia.

Recebi muitos consolos, ofertas de auxílio, isso me fez bem.

Quando terminei meu turno, fui para casa e sentei na minha poltrona. Olhei para meu lar, era um local pequeno, um apartamento de sala, quarto, cozinha e banheiro. Morava sozinho havia 13 anos. Tudo era simples, mas eu gostava dali e de todos os objetos. Passei a mão pelos cabelos, tinha-os fartos e um bigode.

– Logo terei de raspá-los! – exclamei e assustei-me com minha voz.

Parecia que o que estava acontecendo não era comigo. Mas o incômodo que sentia era um alerta de que não estava bem. Levantei-me e fiz as tarefas costumeiras. Depois voltei a sentar e fiquei a pensar:

"Abusei muito da vestimenta física. Fui um usuário de drogas!", veio à mente a lembrança.

Minha família era estruturada, tinha pais amorosos, um irmão e uma irmã. Não éramos perfeitos. Quem ou que é perfeito? Nada! Era o segundo filho, freqüentei a escola e, após o término da oitava série, meu pai quis que eu fosse estudar à noite e trabalhar durante o dia, como meu irmão. Não queria, mas obedeci. Arrumei emprego de entregador numa grande loja. Conheci outras pessoas tanto no trabalho como na escola e fiz amizade com uns rapazes que não procediam direito. Eles fumavam e logo eu estava fumando também, escondido dos meus pais; bebiam e eu os acompanhava. Passamos a faltar às aulas. Um dia, um do grupo trouxe algo diferente para experimentarmos. Maconha. Gostamos. Infelizmente, a droga, principalmente no começo, dá prazer. Prazer esse que pode fascinar, iludir e, pior, viciar. Fui tremendamente imprudente (queria mesmo escrever bobo, tolo), expressão que se usa para dizer que se está fazendo algo que não deveria. Éramos cinco amigos; dois não quiseram mais participar, afastaram-se e ficamos os três inseparáveis e cada vez querendo fumar mais. Ficava com o dinheiro do meu salário e gastava-o todo com cigarros de maconha. Um dia, um deles trouxe cocaína. Cheiramos, gostamos e nos viciamos. Não conseguíamos mais aprender e resolvemos sair da escola, pois os professores estavam desconfiados. E à noite, no horário das aulas, ficávamos fumando ou cheirando num barzinho perto da escola. O dinheiro estava escasso, pedi a meus pais inventando que tinha de comprar livros. Mas não foi suficiente. Então um dos meus colegas perguntou:

– Por que você não pega os objetos que entrega, Zezinho? Faça de um modo que ninguém desconfie. Finja que vai levar à casa do cliente e entregue-os a mim; levo ao traficante e ele nos dará a droga – falou um dos meus amigos.

Ficamos contentes com a possibilidade de conseguir mais drogas.

Passado algum tempo, estava desatento no trabalho, havia sido advertido. Peguei alguns objetos no depósito como também deixei de entregar uma compra. Com a reclamação do cliente que a mercadoria não fora entregue, fui investigado e logo descobriram que eu estava roubando. Não cheguei a fazer muitos roubos. O gerente me chamou e me deixou sentado em sua sala e logo meus pais entraram.

– Senhor – disse o gerente –, seu filho José Itamar está nos roubando. Foram muitas as mercadorias que ele estava encarregado de entregar e não o fez, como também outras que sumiram do depósito. Não queria chamar a polícia, não queremos escândalos.

Minha mãe começou a chorar, meu pai empalideceu. Olharam-me, abaixei a cabeça, não agüentei vê-los abatidos, tristes e envergonhados.

– Por quê, meu filho? – perguntou meu pai.

Como não respondi, o gerente os informou:

– José Itamar tem sido visto com dois rapazes que se drogam. Ficamos sabendo que ele não está mais freqüentando a escola e que entregou as mercadorias que nos furtou a traficantes.

Meu pai sentou, sentiu-se mal. O gerente deu-lhe água. Fiquei quieto e senti uma vontade imensa de me drogar.

Papai pagou as mercadorias, eu assinei minha demissão. Meus pais agradeceram ao gerente por não me mandar para a cadeia e saímos.

Fomos para casa sem conversar. Ao chegarmos, mamãe quis saber:

– É verdade, meu filho? Tudo o que escutamos do gerente é verdadeiro?

Não respondi. Meu pai tirou a cinta da calça e me bateu. Estava com tanta vontade de me drogar que nem senti a surra, que me deixou com vergões. Trancaram-me no quarto. Escutei mamãe chorando e contando para os meus irmãos, que ficaram indignados.

– Por quê? Por quê? – indagaram.

Eu não tinha motivos nem respostas para dar. Estava com vontade de me drogar, pulei a janela e fugi, mas antes peguei o dinheiro que meu irmão guardava no fundo de uma gaveta. Eram suas economias.

Saí e fui atrás dos meus amigos, contei-lhes o que havia acontecido e fomos comprar drogas. À noite, eles foram para suas casas; eu não quis voltar para a minha e fui para uma construção abandonada. Dormi lá, no chão. No outro dia, um deles me trouxe pão, foi só o que comi. Ansiava pela droga para esquecer as expressões de tristeza de meus pais e para não escutar o choro de minha mãe, que ecoava na minha mente.

Drogava-me mais que meus dois amigos e estava ficando muito confuso. Para obter dinheiro, entrei numa residência e roubei. Levei os objetos roubados aos traficantes e adquiri cocaína. Cinco dias depois que fugi, meus pais souberam onde eu estava e foram me buscar. Ficaram horrorizados ao me ver. Estava sujo, fedendo, magro e demente. Levaram-me para casa, meu pai me ajudou a tomar banho, minha mãe fez a sopa de que eu gostava. Meus irmãos chegaram e me trataram bem, com carinho. Meu irmão não comentou sobre o dinheiro que lhe roubei.

No outro dia, levaram-me ao médico, que me receitou remédios. Mamãe me vigiava, não vi mais meus amigos, os pais deles também descobriram e eles estavam sendo vigiados.

Não agüentava de vontade de me drogar. Era um escravo, um ser que não conseguia dizer "não" ao vício. Que situação triste! Deprimente!

Para adquirir drogas, necessitava de dinheiro e roubei em casa, primeiro dinheiro, depois objetos.

– Vocês não me querem aqui? Não foram me buscar? Agora agüentem! – gritava.

Foi um período muito difícil para os meus familiares. Roubava-os, eram roupas, eletrodomésticos, tudo passou a ser trocado. Às vezes, saía de casa, mas como acabava indo para a construção abandonada, minha mãe ia me buscar. Quando mamãe via que eu estava melhor, conversava comigo.

– Zezinho, você não só está se matando, mas também a nós!

Eu sentia remorso, chorava, mas fraco voltava a me drogar.

Um dia, peguei os livros de estudo de minha irmã para vender. Mamãe viu, tentou me impedir, empurrei-a e saí. Voltei de madrugada. No outro dia, vi-a com o braço engessado.

– O que aconteceu? – perguntei.

– Mamãe caiu e quebrou o braço – respondeu minha irmã.

– Escorreguei no tapete e caí – explicou mamãe me olhando.

Seu olhar me constrangeu. Lembrei que a tinha empurrado. Ela não falou a verdade, talvez porque seria a gota-d'água para meu pai e irmãos. Seu olhar de ternura me entristeceu, senti um aperto no peito.

– Preciso de ajuda! Vou parar de me drogar! Preciso! Por favor, me ajudem! Quero! – exclamei chorando.

Todos me abraçaram, prometeram apoio.

– Cadê meus livros, Zezinho, você os roubou? – gritou minha irmã ao ir para a escola.

– Sim, peguei, desculpe-me! – respondi.

– É fácil, não é, Zezinho? – falou minha irmã, exaltada. – Você pega nossas coisas, vende e simplesmente diz: "desculpa!" Somente dois livros eram meus, três peguei emprestado na biblioteca. Terei de pagar por eles! Não temos dinheiro! Você é um horror! Ou pára mesmo ou some!

Ela chorava nervosa. Papai e mamãe a consolavam. Fiquei quieto vendo aquela cena triste. Ou resolvia parar ou então sumia de vez de casa.

– Não suma, meu filho! Cure-se, por favor! – pediu mamãe me olhando.

Mamãe desmaiou, foi uma correria, o vizinho que tinha carro a levou para o hospital. Ficou internada, seu estado era grave. Por três dias permaneceu no hospital e eu não me droguei. Não queria perdê-la e sofri com o remorso. E todos os familiares me acusavam com olhares, embora ninguém me dissesse nada.

Minha mãezinha desencarnou. Minha irmã me deu a notícia, viera do hospital com papai.

– Deve estar satisfeito não é, Zezinho? Mamãe morreu! Diagnóstico: infarto. Provocado por que ou por quem? Você! Sim, a resposta é: você! Ela sentiu muitas dores quando caiu aqui sozinha. Nos últimos tempos, viveu sob pressão e por sua causa. Estava sempre chorando e esperando apreensiva o que você iria fazer: se roubaria, se iria preso ou se o buscaria morto. Não se alimentava direito, não dormia, estava sempre preocupada. Você a matou! Conversei com papai e decidimos: você vai embora! Se quiser, vá ao velório, então volte, pegue suas coisas e saia de casa para não voltar mais. Entendeu?

Concordei com um gesto de cabeça e olhei para papai, que desviou o olhar. Meu pai envelhecera, estava arcado, triste, com certeza eu também estava acabando com ele.

Fiz o que minha irmã disse; fui ao velório. Chorei ao ver minha mãezinha no caixão. Um tio meu, irmão de mamãe, me falou com rancor:

– Você a matou! Não chore agora!

Achei que eles estavam certos. Não a matei ferindo fisicamente, mas também se mata uma pessoa de preocupações e desgosto. Mamãe me amava e se preocupava comigo e eu somente a fiz sofrer. Senti-me indigno de ficar ali e de lhe pedir perdão. Resolvi sair.

Minha irmã havia me tirado a chave de casa. Falei a ela que queria ir embora, ela me acompanhou. Não conversamos, ela ficou me olhando pegar algumas roupas, todas limpas e passadas, cuidados de mamãe que nunca mais iria receber. Não nos despedimos; saímos e escutei minha irmã fechar a porta. Andei sem saber aonde ir. Embora com vontade de me drogar, resolvi não mais fazê-lo. Lembrei que um de meus amigos estava internado numa clínica e fui para lá. Peguei o ônibus e parei em frente de um grande prédio. Bati, fui atendido e convidado a entrar. Roguei chorando:

– Por favor, me ajudem! Sou um viciado! Quero parar de me drogar!

Chorei tanto que soluçava. Um médico me atendeu, me medicou e dormi. Esse sono foi um alívio muito grande. Deixaram-me ficar ali. Tive crises de abstinência, que são terríveis, doloridas. Às vezes, achava que ia estourar, partir ao meio e morrer. Embora sofrendo, queria me desintoxicar, ficar livre daquele maldito vício.

– É pela senhora, mamãe! – exclamava.

Dias depois, melhorei, encontrei-me com meu amigo que também queria se curar. Para não preocupar mais meu pai, escrevi uma carta a ele dizendo onde estava. Uma semana depois, recebi a resposta, uma carta de minha irmã comunicando que papai havia falecido. Fora atropelado quando vinha do cemitério, pois estava indo lá todos os dias. Distraído, não vira o ônibus, faleceu instantaneamente.

Gritei, tive uma crise terrível, me sedaram. Se não estivesse na clínica, iria com certeza me drogar.

Fiquei internado e, para custear um pouco as despesas, pois não estava pagando, trabalhava pesado, ajudando na cozinha e na limpeza.

Meses depois, recebi alta, saí do hospital e fui para casa. A vizinha me informou que meus irmãos voltariam somente à tarde. Sentei na calçada e esperei. Meus irmãos, que chegaram conversando, calaram-se ao me ver.

– Entre, Zezinho, não quero conversar com você aqui fora – disse minha irmã.

Entramos, eu ia pedir para tomar água quando meu irmão falou:

– Zezinho, não o queremos aqui!

– E nem nós vamos ficar nesta casa – explicou minha irmã. – Papai perdeu-a. Ele fez um empréstimo no banco, não pagou e a casa penhorada ficou para eles. Este lar, que já foi nosso, agora é do banco. Temos de nos mudar. Vou morar por uns tempos com minha madrinha, Jorge irá morar com uns amigos. Vamos trabalhar e estudar.

– Você, Zezinho, nos prejudicou muito – expressou meu irmão tristemente. – Estávamos estabelecidos, tínhamos esta casa, papai e mamãe. Você fez gastos excessivos. Para não deixar que fosse preso, papai pagou a loja em que você trabalhava, e que roubou, com empréstimos bancários a juros altos. Depois, você nos roubava, nossos pais até chegaram a comprar outros objetos.

Mamãe quebrou o braço, necessitou de remédios caros. E não deu para pagar nenhuma prestação. Resultado: nem casa temos mais.

– Você nos arruinou, Zezinho – disse minha irmã. – Ninguém o quer por perto. Você é culpado de tudo de ruim que nos aconteceu. Sou órfã graças a você! Não tenho onde morar! Vou viver de favor até que possa me sustentar.

– Eu não queria! – foi só o que consegui dizer.

– É fácil dizer "Eu não queria!" – exclamou minha irmã com raiva. – Por que não pensou nisso antes? Vá embora! Não me procure! A madrinha já me avisou que não o quer na casa dela nem como visita.

– Nem eu – disse Jorge. – Sofremos muito, não quero que me atrapalhe mais.

Saí sem me despedir. Senti vontade de me drogar para esquecer o que escutei dos meus irmãos e para suavizar, por momentos, a dor do remorso que estava sentindo. Tudo o que eles falaram era verdade. Eu era culpado de eles estarem sofrendo. Entendia-os. Resisti. Fui para um abrigo, um albergue onde passei a noite e, pela manhã, disse à senhora que me serviu o café que necessitava de um emprego. Ela me orientou para ir ao pátio da Prefeitura, que lá estavam contratando homens para trabalhar em construções. Fui esperançoso e me admitiram, passei a trabalhar na construção de um grande prédio. Fiquei no alojamento. Trabalhava muito, fazia horas extras, passei a me alimentar melhor e comprei roupas.

O senhor encarregado do meu setor me admirava porque eu conversava pouco e trabalhava muito. Por saber que não tinha família, convidou-me para almoçar num domingo na casa dele. Fui, sentia falta de amigos. Conheci Sara, a filha dele, e ficamos amigos.

Soube dos meus dois colegas, os que se drogavam junto comigo. O que estivera na clínica comigo, quando saiu, mudou-se com a família. Nunca mais tive notícias dele. O outro desencarnou enquanto estávamos internados. Seus pais achavam que ele tinha se suicidado. Falavam que faleceu por *overdose*, mas, como soube depois que desencarnei, ele foi assassinado por traficantes e sofreu muito com a morte do seu corpo físico.

Sara não era bonita nem simpática, talvez por isso não arrumava namorado. Ambos estávamos carentes e passamos a namorar. Os pais dela, querendo que ela casasse, nos incentivaram e ajudaram. Deram-nos uma casa para morar. Casamos. No começo, até que deu certo, tivemos duas filhas. Sara era chata, exigente e nervosa. Eu fazia tudo que ela queria. Minhas filhas eram bonitas, educadas e inteligentes. Fui promovido a fiscal de obras, tinha um bom ordenado e trabalhava muito. Anos se passaram, minhas filhas já eram pré-adolescentes, quando descobri que um grupo de operários estava se drogando. Fui conversar com eles.

– Não se preocupe, senhor Zezinho, estamos fazendo uso de drogas, mas ela não nos atrapalha. Drogamo-nos ao ir embora. É somente um cigarrinho de maconha – informou um deles.

– Não quer experimentar? – ofereceu um deles. – Verá que não faz mal.

Agradeci e afastei-me. Resolvi pensar no que fazer; se delataria o grupo ou não ao meu patrão. Decidi conversar com eles novamente e, na terceira conversa, acabei aceitando um cigarro de maconha. Logo quis outro, que comprei. Por dias seguidos, fumei com eles quando terminava o turno. Meus problemas pareciam mais leves, suportava as implicâncias de Sara. Da maconha, passei à cocaína e começou tudo de novo. Logo estava me drogando várias vezes por dia. E os problemas começaram: mentia para ter dinheiro; a Sara eu falava que não recebera meu ordenado ou que emprestara dinheiro a amigos; ao meu patrão, que necessitava de extra. Começaram as dificuldades no serviço, passei a trabalhar menos. Fiz dívidas, e os traficantes foram à obra me cobrar e me ameaçaram. Meu patrão foi informado e fui despedido. Ao chegar em casa, Sara já sabia, meu sogro fora informado e lhe contara. Minha esposa mandou nossas filhas para a casa de meus sogros. Nervosa, ela me xingou, me ofendeu e me mandou embora de casa.

– Suma daqui! – gritou Sara. – Não quero traficantes nos cobrando e ameaçando, podendo até nos matar! Você não merece que morramos por sua causa! Nossas filhas têm vergonha do pai que têm! Você é um horror! Saia!

Sem responder, saí com a sacola de roupas que ela me deu. As palavras ditas por Sara ecoavam em minha mente, afastei-me o máximo possível de onde morava e do local em que trabalhava. Fui para o centro da cidade. Cansado de tanto andar, sentei num banco de uma pequena praça e chorei.

"Por quê? Por que fui me envolver de novo com drogas?", lamentava-me, baixinho.

Eu não sabia responder, não tinha justificativa nem desculpas.

Um grupo de senhores e senhoras passava por ali, dando pão e leite aos moradores de rua que estavam pela praça. Ofereceram-me. Neguei com um movimento de cabeça, e um deles, um senhor, sentou-se ao meu lado e perguntou:

– O senhor precisa de alguma coisa?

– Não preciso de pão e leite – respondi chorando. – Necessito de auxílio para não me drogar mais, senão morro ou mato!

Ele levantou-se e foi conversar com as pessoas de seu grupo, que vieram falar comigo. Não consegui entender o que falavam, estava confuso e tendo uma crise de abstinência. Uma ambulância me levou a um sanatório. Novamente, recebi muita ajuda. Era um hospital espírita. Lá recebi tratamento, orientação e carinho. Comecei a me interessar pela Doutrina Espírita, a ler livros espíritas, a freqüentar o salão onde havia palestras e recebia passes. Nunca até então tinha me interessado por uma religião. Meus pais diziam ter uma, mas não freqüentavam nenhuma igreja, e minha esposa também não era religiosa. Passei a perceber o mundo de modo diferente, a ver os problemas de outra forma, a compreender o que é Deus. Novamente com medo de sair do hospital e voltar a me drogar, passei a trabalhar na limpeza. Desintoxicado, um médico me informou:

– Zezinho, agora cabe somente a você decidir o que quer fazer de sua vida. Não volte ao vício! Lembre-se, não comece! Não fume, não beba! Diga não! Ame-se! Você deve sair daqui, e já arrumamos um emprego para você em outro hospital, como servente. Vá, trabalhe com dedicação, e boa sorte!

Arrumei um local para morar perto do hospital e passei a trabalhar. Fui rever minha família. Sara me recebeu com agressividade.

– Por que voltou, Zezinho? Espero que não seja para nos atormentar. Casei de novo! Ele é um bom homem, não bebe nem fuma. Deixe-nos em paz!

Minhas filhas me receberam tímidas, simplesmente se deixaram abraçar.

– Acho que é melhor afastar-se de nós, papai! – sugeriu minha filha mais velha. – Quando o senhor foi embora, mamãe passou a freqüentar uma igreja aqui perto e lá conheceu o senhor Antônio, namoraram e ele veio morar conosco. É boa pessoa, estamos indo todos à igreja.

– Por que o senhor fez isso, papai? – perguntou minha filha caçula. – Vovô teve de pagar suas dívidas. Ficamos com medo dos traficantes.

– Não sei explicar o porquê de ter agido daquele modo. Agora estou curado e trabalho num hospital – respondi.

– Bom para o senhor. Mas é melhor não voltar mais aqui – falou minha menina mais velha.

Fui embora muito triste e magoado. Sara arrumara outro marido depressa demais, somente oito meses tinham se passado desde que eu saíra de casa. Minhas filhas não me queriam por perto. Compreendi. Meu sogro certamente se sacrificara para pagar os traficantes, fez isso para que Sara e minhas filhas tivessem sossego. Temendo que eu aprontasse mais, não me queriam por perto.

Trabalhei muito, fiz muitas horas extras e paguei o que devia ao meu sogro. Passei a mandar dinheiro a minhas filhas. Pegava para mim o mínimo possível do meu salário. Procurei um centro espírita próximo do local em que morava e passei a freqüentá-lo. E foi por entender os ensinamentos de Jesus que resolvi pedir perdão a todos os que prejudicara. Comecei pelos meus pais; orando, pedi a Jesus que permitisse que eles, onde estivessem, escutassem meu pedido de perdão. Senti-me perdoado.

Fui visitar minha irmã, que ficara viúva pouco tempo antes.

– Minha irmã, me perdoa! – roguei.

– Zezinho, você me fez sofrer muito – respondeu. Guardei muita mágoa de você durante muitos anos. A cada dificuldade que passava, o rancor voltava. Agora passou e posso dizer com sinceridade que lhe perdôo.

– Conte para mim o que lhe aconteceu – pedi.

– Eu tinha vergonha de ter um irmão drogado. Eram comentários na escola, mães de amigas que não me queriam por perto e que não deixavam os filhos irem em casa. Fui privada de presentes, roupas e calçados. Você me roubou objetos de que eu gostava. Vi nossos pais sofrerem e se endividarem. Depois do tombo que levou, mamãe não se sentiu mais bem. As tristezas e as preocupações agravaram seu estado de saúde e ela morreu. Senti muito, sofri bastante! Achei que nós três, sem você por perto, fôssemos conseguir pagar as dívidas. Papai estava muito triste, chorava muito e ia quase todos os dias ao cemitério. Acho que, distraído, atravessou a rua e foi atropelado. Jorge e eu não conseguimos pagar as dívidas, o banco tomou a casa, vendemos os móveis. Fui morar com minha madrinha e foi muito ruim. Ela me maltratava muito, eu tinha de fazer todo o serviço da casa, passei fome e muitas humilhações. Não podia sair, parei de estudar. Ela me arrumou um pretendente, um homem mais velho, achei que era uma boa pessoa e casei. Novamente fui muito maltratada e escutava sempre dele que tinha um irmão viciado e precisava me cuidar para não me viciar também e que, por ter me dado um lar, tinha de lhe ser grata. O bom foi que tive meus três filhos, eu os amo. Meu marido ficou doente, cuidei dele. E agora, viúva, voltei a estudar, tenho viajado e tenho sossego. Ele me deixou bem financeiramente.

– Perdoe-me! – pedi novamente e chorei.

Entendi que tudo poderia ter sido diferente. Se não tivesse feito o que fiz, nossos pais não teriam se endividado, eles não teriam perdido a casa e talvez não tivessem desencarnado naquela época. Não tive coragem de contar a minha irmã que fora eu que empurrara mamãe.

Jorge, meu irmão, me recebeu com um abraço e respondeu ao meu pedido de perdão.

– Zezinho, já tive até vontade de matá-lo! Não o fiz porque não tive coragem. Você de fato nos fez sofrer muito, mas passou e lhe perdôo.

Pedi perdão aos meus ex-sogros e escutei calado muitos conselhos e advertências. Perdoaram-me também. Com Sara foi mais difícil.

– Perdôo, Zezinho, porque agora sou religiosa! Mas não confio em você. Quero-o longe daqui!

Minhas filhas me perdoaram e agradeceram a pensão que lhes mandava. Estavam estudando graças a esse dinheiro.

Fiquei aliviado. Continuei com minha rotina. Como era atencioso com os enfermos, fui promovido a auxiliar de enfermagem depois de um curso que fiz. Dava banhos em doentes, ajudava-os a se alimentar, conversava com eles. Minha vida era do trabalho para meu pequeno lar e para o centro espírita. Às vezes, minhas filhas vinham me visitar. Raramente via meus irmãos. Não quis mais me envolver com ninguém, pois se tivesse uma recaída não queria que os entes queridos sofressem por mim.

Minha vida estava assim tranqüila até que comecei a me sentir mal, fiz os exames e recebi o resultado: câncer.

O tratamento não foi fácil: melhorava e voltava ao trabalho, piorava e ficava internado. Sofri muitas dores físicas, mas estava tranqüilo e resignado. Sabia que nessa existência abusara tanto do meu físico que o adoeci, e as dores estavam me equilibrando. O pessoal do centro espírita me visitava muito, traziam livros, apoio, consolo e carinho. Os companheiros do hospital também me confortavam. Recebi bons frutos por ter sido dedicado nos últimos anos.

Desencarnei. A equipe de socorristas desencarnados que trabalhava no hospital me desligou do corpo morto e, em espírito, me afastei. Meu enterro foi simples, não fiquei perto, pois fui levado para o posto de socorro do centro espírita que freqüentava, mas senti os acontecimentos. Os companheiros de trabalho me arrumaram no caixão, alguns me velaram, os amigos do centro espírita fizeram orações. Meu irmão ficou bastante tempo no velório, minha irmã permaneceu poucos minutos, mas fizeram preces que me confortaram. Minhas filhas vieram e oraram. Depois do enterro, as duas foram ao meu apartamento, doaram tudo – móveis, roupas – e entregaram a chave ao proprietário. Acabou-se. Senti que não tinha mais vínculo com o plano físico e seria pouco lembrado.

A vida continuou, logo me senti recuperado e passei a trabalhar como enfermeiro no posto de socorro.

Foi uma surpresa agradável, uma alegria enorme quando recebi a visita de meus pais. Abraçamo-nos emocionados.

– Perdão! Perdoem-me! – roguei muitas vezes.

– Sim, meu filho, eu lhe perdôo! – exclamou mamãe me beijando.

– Perdôo, Zezinho! – respondeu meu pai.

Conversamos. Tanto mamãe como papai foram socorridos logo que desencarnaram. Mas meu pai, preocupado, saiu sem permissão do local em que estava abrigado e foi para perto de Jorge e de minha irmã. Sofreu com eles. Minha mãe foi buscá-lo meses depois e aí ficaram juntos.

– Meu filho, quando você se afastou das drogas e casou, ficamos sossegados – explicou mamãe.

– Quando se viciou de novo, preocupamo-nos e sofremos – disse papai.

– Somente nos tranqüilizamos quando se recuperou de novo. Tínhamos muito receio de que você desencarnasse viciado – mamãe expressou suspirando.

– Íamos sempre visitá-los. Foi muito triste ver sua irmã sendo maltratada. Mas passou, hoje ela está bem. E você sofreu pela doença, mas agora está socorrido aqui na espiritualidade.

Essa visita me animou e passamos a nos ver sempre.

Dois anos depois que desencarnei, fui estudar numa colônia; quando terminei o curso, voltei para o centro espírita que freqüentei quando encarnado e passei a ser um servo útil. Trabalho com dedicação e carinho.

Recuperar-me enquanto encarnado foi uma graça, porque é muito triste voltar à espiritualidade como dependente químico.

Fiz muito mal a mim mesmo me drogando, mas fiz muito mais aos que estavam junto a mim. E me droguei porque quis, embora não haja nenhum motivo que justifique essa atitude. Concluo agora que era insatisfeito, sentia-me vazio. Talvez se tivesse preenchido esse vazio com uma religião, sentiria Deus dentro de mim. Se estivesse me realizando fazendo o bem ao próximo, teria feito também a mim mesmo e com certeza não sentiria essa insatisfação. Compreendi isso quando, como enfermeiro e tendo uma religião, fiquei tranqüilo, o vazio foi preenchido e não me senti mais insatisfeito. Como auxiliar de limpeza e como enfermeiro, tive muitas oportunidades de pegar medicamentos que podem viciar e não o fiz. Mesmo quando doente recebi medicações para amenizar dores e não me tornei dependente delas. Usei-as como remédio! O abuso é que é prejudicial. Creio que me libertei do vício!

Meus planos são ficar algum tempo na espiritualidade, aprender muito e, quando me sentir apto, pedir para trabalhar no umbral para socorrer dependentes químicos desencarnados que lá estão.

Sinto muito remorso por ter feito os que me amavam sofrer. Espero que nunca mais, em reencarnação nenhuma, eu volte a me drogar. Agora amo a vida!

Explicação de Antônio Carlos

Zezinho, ou José Itamar, conta que quando começou a se drogar eram cinco e dois se afastaram. Talvez não tenha sido fácil para esses dois fazerem isso, pois com certeza gostavam dos amigos. Mas isso fez a diferença, eles escolheram o melhor para si e tiveram a coragem de dizer não às drogas. Prudentes, negaram-se a se envolver com algo que os prejudicaria. Se muitos jovens tivessem essa determinação, haveria com certeza menos sofrimentos.

Segundo explicações dadas pela medicina e pela genética, certas pessoas se viciam rapidamente e se tornam totalmente dependentes tanto de cigarro e de álcool como de tóxicos. O melhor é não se arriscar. Como vimos nesta narrativa, Zezinho se viciou fácil. Mesmo depois de anos de abstinência, bastou um cigarro da maconha para ele voltar a ser dependente. É por isso que tanto se insiste com quem se recupera para nunca mais se aproximar nem experimentar daquilo de que foi dependente.

Zezinho era trabalhador, isso o ajudou muito. O trabalho é um auxílio seguro numa recuperação. "Mente e corpo desocupados, o diabo faz morada", dizia meu avô. Sábio ditado. Quando não se tem o que fazer, arruma-se confusão fácil.

Os pais se preocupam sempre com os filhos, e essa preocupação não cessa com a desencarnação. Às vezes, não podem estar perto e em muitas ocasiões é bom mesmo que não estejam, pois os desencarnados somente podem ajudar se estiverem preparados e se lhes for permitido. Na espiritualidade, sabe-se quase sempre o que acontece com afetos encarnados. E, na maioria das vezes, não se podendo fazer nada, pois o livre-arbítrio é respeitado, sofre-se junto. Os pais do Zezinho viram os filhos sofrerem, a filha sendo maltratada e ele se drogando.

De fato, Zezinho desestruturou a família e esse fato é muito comum quando se tem um dos membros familiares se drogando. Ele reconheceu que os prejudicou, pediu perdão e teve a graça de ser perdoado.

Muitas vezes, achamos que sofremos, principalmente se de doenças, por erros de reencarnações passadas. Realmente isso acontece, mas com freqüência é por abuso mesmo. Foi o que aconteceu com Zezinho.

Durante seus últimos anos no corpo físico, Zezinho fez amigos e agiu bem, merecendo ser socorrido.

Permita o leitor que cite meu exemplo.

Desencarnei doente pelo câncer. Socorrido, achei que padeci por erros de existências passadas. Mas acabei concluindo que por guardar uma grande mágoa, durante anos, esse sentimento ruim fez muito mal a mim. Estava sempre com uma energia negativa, que me prejudicou, atingindo meu organismo. Percebi também que, tendo conhecimentos, abusei do meu corpo carnal por excesso de alimentos e de trabalho.

2

O Suicida

Gerald

Eu estava sentado num banco de uma pracinha perto de minha casa. Tinha no bolso a seringa e a cocaína. Dose tripla. Tudo preparado para dar fim à minha existência. Eram três horas da madrugada. Não havia ninguém por ali. O silêncio chegava a incomodar. Embora decidido, fiz uma retrospectiva de minha vida.

Minha família era numerosa, éramos muitos irmãos.

– Sempre fui um incompreendido! – exclamei baixinho. – Acho que ninguém gostou ou gosta de mim!

O fato é que fui revoltado e sem causa. Se não gostavam de mim, tinham motivos. Fui revoltado, briguento, delatava meus irmãos, não gostava de estudar nem de trabalhar. Além de estar sempre brigando, fazia os outros brigarem. Também era invejoso, tinha ciúmes de um irmão por ser bonito, de outro por ter se casado com uma moça rica, de uma das minhas irmãs de ser a preferida do meu pai etc. Era infeliz e queria que todos fossem. Minha mãe tentava conversar comigo, mas eu respondia com agressividade e até ela me evitava.

Escondido, passei a fumar, fui expulso de escolas, bebia, mas não gostava muito, sofria com a ressaca. Meus companheiros eram afins, revoltados, e estávamos sempre nos ofendendo. Era inquieto e insatisfeito. Comecei a me envolver com drogas por farra, por rebeldia, para ver se fazia meus familiares sofrerem. No começo, não gostei, fazia-me mal. Nessa época em que comecei a me drogar, quase todos os meus irmãos estavam casados e com filhos. Minha mãe sonhava para mim um bom casamento. Sei agora que dificilmente alguém de boa índole se envolveria comigo.

Minha mãe ficou doente, com câncer e sofreu muito. Mesmo com ela doente, quando tentava me aconselhar, era grosseiro. Meus irmãos se revoltavam comigo, eles a amavam muito. Era muito boa mãe, mesmo trabalhando muito arrumava tempo para nos dar atenção. Eu não queria vê-la sofrendo e saía muito de casa e, quando ela foi para o hospital, não fui visitá-la e passei a me drogar mais.

– Gerald – disse meu pai –, estamos tendo muitos gastos com a doença de sua mãe. Trabalhe e ganhe o seu dinheiro porque não vou lhe dar mais mesada.

Saí reclamando e, para ter dinheiro, trafiquei. É muito fácil ser traficante. Pegava a mercadoria, a droga, com uma pessoa e entregava aos usuários alguns pacotinhos. Cheguei a fazer ponto perto de uma escola, vendia aos que me procuravam. Cheguei até a oferecer a muitos jovens, sem entretanto insistir.

Mamãe desencarnou, fui vê-la no velório. Estava muito diferente, nem parecia ela. Chorei. Estava com vontade de xingar e tentei me controlar para não gritar alto a minha revolta. Minha irmã veio me abraçar, eu a empurrei. Meu cunhado, que nunca gostou de mim – e tinha motivos, pois sempre impliquei com ele infernizando os dois quando namoravam – me segurou pelo braço e me ameaçou:

– Não empurre minha mulher! E comporte-se, senão lhe dou uns socos!

– Saia, Gerald! Por favor, saia daqui! Respeite mamãe morta! – pediu um de meus irmãos.

Saí e fui para casa. Dei chutes nas paredes e nos móveis e me machuquei. Meu tornozelo doeu muito e pedi para um amigo me levar ao hospital. Tive de engessar o pé.

Meu pai sentiu muito a desencarnação de minha mãe. Organizou tudo para ficarmos em casa. Voltou a dar-me dinheiro, não era muito, gastava-o todo em drogas e farras.

Quando vinham alguns dos meus irmãos em casa, eu saía. Eles sabiam que eu traficava e tinham receio de que fosse preso, mas não fui. Depois que minha mãe desencarnou, trafiquei menos e com mais discrição.

Dois anos depois que mamãe nos deixou, meu pai faleceu de repente, por uma doença do coração.

Fiquei sozinho em casa. Dias depois do enterro de papai, três dos meus irmãos vieram conversar comigo.

– Gerald, vamos dividir os bens que papai nos deixou. Esta casa ficará em comum. A fazenda será dividida e caberá uma área pequena para cada um de nós. E você terá de trabalhar porque nenhum de nós lhe dará dinheiro.

– Se você quiser vender sua parte, Gerald, estou disposto a comprar – ofereceu outro.

– Não vendo, não dou e não quero esmolas de vocês – respondi e xinguei-os.

Foram embora. Nem fui trabalhar nem saí de casa. Fui vendendo tudo o que nela havia: móveis, roupas, eletrodomésticos para consumir drogas.

Passei mal, desmaiei quando estava num bordel. Fui levado para o hospital, não pelo excesso de drogas, mas por outro motivo: pneumonia. Fiquei internado, avisaram minha família. Minhas irmãs vieram me visitar, mas não as tratei bem.

– Não precisam vir me visitar. Prefiro meus amigos! – falei olhando-as cinicamente.

– Que amigos? Você tem algum? O que tem são companheiros de farra – disse uma delas.

Eu não gostava de minha família, acho que não gostava de ninguém. Fiz muitos exames e tomei muitos remédios. Depois de cinco dias internado, tive alta. Voltei para o hospital duas semanas depois, doente novamente. O médico veio me ver.

– Seus exames ficaram prontos. Você está com Aids.

Ri e disse debochado:

– Por que o senhor está fazendo essa cara de preocupado? O doente sou eu! Vá para o inferno com sua piedade.

O médico saiu do quarto. Melhorei e pude sair do hospital dois dias depois.

A empregada de uma das minhas irmãs fez uma faxina em casa. Meus irmãos abasteceram-na, compraram televisão, geladeira e fogão. Não agradeci. Quando numa tarde uma cunhada veio me ver e trouxe bolo e bolacha, tratei-a com grosseria. Mas mesmo assim um deles sempre me trazia alimentos.

Estava me sentindo mal. Não sabia se adquirira a Aids por relações sexuais ou por seringa contaminada. Contei aos meus amigos que estava doente. Tive vontade de não dizer e transmitir o vírus a todos. Mesmo nos ofendendo mutuamente e brigando, sempre ficávamos juntos, eles não me abandonaram, continuamos a nos encontrar. Por nos sentirmos excluídos, e para não ficarmos sozinhos, nos tolerávamos.

Eu estava febril, com dores e falta de ar.

"Pneumonia de novo!", concluí. Tinha ouvido dizer como a doença evoluía e imaginei que iria sofrer.

"Vou me suicidar! Assim me livro de tudo isso e ainda deixo meus irmãos com remorso", pensei.

Decidido a praticar esse ato imprudente, concluí que iria morrer por uma *overdose*. Vendi os eletrodomésticos que meus irmãos trouxeram, adquiri cocaína, troquei de roupa, tomei um remédio para abaixar a febre, fui para a pracinha e xinguei Deus.

– Ainda bem que você, Deus, não existe! Já O ofendi muitas vezes e nunca se defendeu!

Apliquei uma dose tripla de cocaína e esperei. Senti dores, parecia que ia estourar, a dor aguda no peito me sufocava e não passava. Tive um infarto. Achei que a morte estava demorando demais.

"Será que não tomei cocaína suficiente?", pensei.

Depois não consegui mais pensar direito. A dor era muito forte e não conseguia compreender onde estava, pois ora era penumbra, ora escuridão. Estava jogado no chão e não conseguia me levantar. Passei a sentir sede, fome, frio, falta das drogas e muito medo.

– Então, Gerald, gostou de morrer?

– Parou de xingar o Todo-Poderoso?

Eu escutava, mas não conseguia ver direito quem falava, via vultos estranhos. Muitos, além de me ofender, chutavam-me e davam-me socos.

– Estou louco! A droga me enlouqueceu! – exclamava desesperado.

Não consigo descrever com detalhes esse período. Somente me lembro com mais nitidez da dor forte que não passava, das humilhações, do cheiro ruim e que senti muito medo. Acho que ali o sofrimento é tanto que não dá para comparar com os padecimentos que se tem enquanto encarnado. É muito triste!

– É esse! – escutei um homem falar.

Ele e um outro me pegaram pelos braços causando-me mais dores ainda e me levaram.

– Aqui está! É um farrapo! – disse o homem.

Fui levado para um local mais claro e quente. Reconheci a casa, tinha ido lá algumas vezes quando encarnado. Era a residência de um senhor que era médium e que atendia as pessoas numa área no quintal (esse lugar não tinha nome específico, nós o chamávamos de "terreiro de macumba"). Lá, seus freqüentadores faziam o bem para quem pedia e pagava sem se importar se iriam prejudicar a outrem.

– Gerald está péssimo! Se você nos trouxer o que pedimos, vamos aos poucos cuidar dele! – disse o homem encarnado que era chamado de "O dono do terreiro".

– Por favor, traga, estou sofrendo! – pedi.

Pelos fluidos que recebi dos encarnados presentes, melhorei meu raciocínio.

– Trago tudo, mas ajude o Gerald! – rogou meu amigo.

Esse companheiro era freqüentador do terreiro, fora ele que me levara lá quando encarnado. Costumávamos nos drogar juntos. Nunca imaginei que ele gostasse de mim a ponto de querer me ajudar. O que pediram custava caro. Olhei para ele com gratidão e vi que estava bem mais velho. Escutei-o comentando com a pessoa que estava sentada ao seu lado:

– Sonhei com o Gerald! Vi-o no meu sonho: sujo, maltratado e deitado na lama. Fiquei com essa cena na cabeça e, para ter sossego, vou ajudá-lo.

Ele preocupou-se comigo. Achou que eu estava sofrendo, foi ao terreiro e pediu para eles me ajudarem. Um desencarnado que lá estava falou para mim com grosseria:

– Você morreu! Está mortinho! É um defunto fedido! Por isso, trate de entender. Você faleceu naquela madrugada na praça. Seu corpo foi para o cemitério e você, que agora é um espírito, um desencarnado, foi levado para onde mereceu, para o umbral, num vale que agrupa párias, desordeiros e covardes. E sua morte foi há muito tempo. Anos se passaram. Entendeu?

– Sim – respondi. – Ajude-me, por favor!

– Gostamos de humildes! Seu amigo paga e nós o ajudamos. Vou tirar um pouco sua dor. Tome isto!

Tomei uma água com gosto esquisito e me senti melhor. Agradeci. Eles me levaram para o local onde estivera antes. Mas me deixaram sentado e encostado numa pedra.

– Aqui está uma garrafa com água e remédio. Tome devagar porque só lhe traremos outra daqui a sete dias.

Embora sofrendo muito, estava melhor porque entendi o que estava acontecendo: morri e continuava vivo. Se eu não tinha acabado com a morte do meu corpo, Deus também devia existir. Comecei a sentir remorso por tê-Lo xingado, por ter sido tão antipático e por ter feito o que fizera. Roguei para que aquele meu amigo não desistisse de me ajudar. Ele não desistiu e aqueles desencarnados que trabalhavam no terreiro continuaram vindo me trazer água e me levaram várias vezes ao terreiro, onde me sentia melhor. Consegui entender tudo o que aconteceu comigo e as dores, embora fortes, eram mais suportáveis.

Comecei a pensar muito em minha mãe.

– Como eu queria vê-la e lhe pedir perdão! – exclamava com sinceridade.

E a vi. Numa tarde, mamãe aproximou-se de mim, viera com outras pessoas. Abraçou-me com carinho, só consegui chorar.

– Meu filho!

Depois de minutos abraçados, ela me disse:

– Filho, você está mesmo arrependido? Quer ser perdoado?

– Sim, minha mãe. Rogo perdão!

– Então venha comigo. Vamos levá-lo para um hospital onde se tratará – disse minha mãezinha.

– Hospital, mamãe?! Aquele que conheço? Mas lá eles não cuidam somente dos que têm corpo carnal? – perguntei admirado.

– Na espiritualidade, meu filho, existem muitos lugares. A vida continua sem saltos. O local para onde vamos levá-lo é um hospital somente para desencarnados que foram imprudentes e se suicidaram.

– Queria que a senhora avisasse meu amigo lá no terreiro – pedi.

– Vou avisá-lo – respondeu mamãe.

De fato, mamãe foi ao terreiro e disse a eles que havia me socorrido, que eu estava bem e agradeceu ao meu amigo.

Trataram-me com carinho no hospital. Limpo, medicado, dormi tranqüilo. Acordei com dores ainda mas conseguindo raciocinar. Foi uma recuperação lenta em que senti muitas tristezas e remorso. Chorava muito. Enquanto estive no umbral e no hospital, senti falta das drogas, mas sofri mais com dores no peito e pelo corpo, essas eram intensas. Socorrido, tive de lutar contra outro vício meu: a ociosidade. Até aprendi que fazendo pequenas tarefas esquecia um pouco das dores e me sentia melhor. Minha mãe me visitava sempre; papai começou também a vir me visitar. Ele sofreu muito quando desencarnou, foi socorrido depois de muito padecer.

Mesmo socorrido, sofri, acho que foi porque demorei para me adaptar a um local de ordem e disciplina onde se tem horário, deveres e obrigações. Reconheço, porém, que se assim não fosse, não seria um abrigo, seria um caos. O tempo me ensinou a ser grato. Encarnado, tive oportunidade de estudar, mas não gostava e não o fiz. Ali, naquele hospital, comecei a freqüentar aulas de conhecimentos gerais, espirituais e evangélicos. Estou me esforçando para aprender.

Muitos anos se passaram. Para mim, eles passaram lentos dando a impressão de terem sido muito mais.

Essa colônia onde são socorridos os suicidas não é somente um hospital, é uma escola também. Sou um interno e devo continuar lá até ter de novo a bênção de uma reencarnação.

Esse amigo que me ajudou, lembrou-se de mim, ainda está encarnado e já tive permissão de ir visitá-lo com os socorristas da colônia em que estou. Estou tentando ajudá-lo, quero instruí-lo para se libertar das drogas ainda encarnado. Sou grato a ele.

Comecei a usar drogas mais por desafio, para confrontar meus familiares, para escutar:

– Só faltava essa! Gerald usar drogas!

Ou também por estar sempre ocioso, insatisfeito, sem objetivos e por não querer fazer nada de útil, nem estudar e muito menos trabalhar.

Fui considerado suicida. Estava doente, com Aids e, se não tivesse tomado aquela dose excessiva, certamente desencarnaria algum tempo depois.

Mas me contaminei por imprudência, abusei do meu corpo físico. Era promíscuo e usei drogas injetáveis. Todos aqueles que abusam de algo que prejudica o corpo carnal são responsáveis pela abreviação do período encarnado. São chamados de suicidas inconscientes. Além de ter agido assim, tomei uma *overdose* para morrer. Estava, no momento em que desencarnei, sendo vampirizado por três desencarnados viciados que sugavam os efeitos da droga através das minhas energias. Quando as funções do meu corpo físico pararam, eles me desligaram e me levaram para o umbral, em uma de suas partes onde se concentram suicidas. Chama-se Vale dos Suicidas.

Encontraram meu corpo morto pela manhã; minha família tomou todas as providências, meu enterro foi simples. Acabou para eles o problema.

Encarnado, eu tinha certeza de que largaria o vício quando quisesse, pois muitas vezes ficava dias sem me drogar. Mas na espiritualidade soube que não era como achava, estava de fato viciado.

Tenho remorso por ter desperdiçado essa encarnação, em que estive entre pessoas diferentes de mim que me serviram de exemplo, mas não aprendi. Fui um estorvo para eles. É isso o que mais me dói: ter perdido a oportunidade. Se pudesse voltar no tempo, queria voltar com o que aprendi com o sofrimento, senão de nada adiantaria, seria rebelde e com certeza agiria errado de novo.

Meu plano é conseguir aplicar em outra oportunidade o que estou aprendendo aqui no plano espiritual: tornar-me útil e gostar de trabalhar. Sim, pois quero ser trabalhador. E drogas, nunca mais!

Explicação de Antônio Carlos

É dado algumas vezes a um espírito um lar diferente do que ele já teve, entre pessoas que podem lhe exemplificar o que é o bem, para que tenha oportunidade de se melhorar interiormente. Muitas vezes, escutamos "é um estranho no ninho" ou, pior, "é a ovelha negra da família". Muitos aproveitam a oportunidade, outros não.

Desligar o espírito, que é sempre vivo, da matéria física morta, não é privilégio dos bons, é para quem sabe, e os imprudentes e os que se autodenominam maus também sabem e o fazem. Gerald foi desligado e levado para o umbral.

Infelizmente, pelo número sempre grande de suicidas, há no umbral locais onde se agrupam aqueles que renegaram suas vestimentas carnais. São chamados esses lugares de vários nomes, mas são mais conhecidos por "Vale dos Suicidas" e desencarnados maldosos gostam de ir lá para se divertir fazendo sofrer mais ainda os que lá estão. Alguns encarnados podem ir e os motivos para essas visitas são muitos: rever afetos ou tentativa de auxiliar. Os socorristas, desencarnados bons ou que estão aprendendo a ser úteis, vão a esses vales e por todo o umbral consolar e quando esses sofredores estão prontos para receber ajuda, socorrem-nos. Esse pronto *a que me refiro é: estar arrependido com sinceridade, ter perdoado e ter pedido perdão, querer o socorro não somente para se ver livre do sofrimento, mas para se melhorar moralmente.*

Existem inúmeras colônias para onde vão os suicidas que foram socorridos. Alguns desses abrigos são exclusivos deles, isto é, os internos são somente os desencarnados que abdicaram de viver encarnados. Existem também colônias onde eles ficam em alas separadas por determinado tempo. Como Gerald disse, nelas, como em todos os lugares de socorro, reina ordem e disciplina, porque tudo tem de ser organizado, senão vira caos. Infelizmente, muitos abrigados não gostam, querem liberdade para fazer o que quiserem. A maioria dos desencarnados que se suicidaram tem uma emanação, uma energia própria que os faz ser atraídos para o Vale dos Suicidas, no umbral. Uma comparação, somente para dar melhor entendimento: é como se o suicida adquirisse com seu ato imprudente um ímã e no vale houvesse o metal que o atrai. Outros desencarnados e encarnados transitam por lá, entram e saem, mas os suicidas dificilmente conseguem sair. Se algum interno, um socorrido, um suicida, quiser sair da colônia, é livre para fazê-lo e, quando isso acontece, normalmente vai vagar, transitar pelo plano físico e pelo umbral, mas quase sempre será atraído para um desses vales na zona umbralina.

Quanto a chutes e socos: desencarnados que ainda vivem como se estivessem encarnados sentem quase sempre o que sentiriam se estivessem vivendo ainda na vestimenta carnal, tanto que são muitos os relatos de desencarnados que se tornaram escravos, são torturados etc.

Esse amigo que pediu para ajudá-lo deve ter ido aonde Gerald estava enquanto seu corpo físico dormia. Ele saiu em perispírito, foi sozinho ou algum desencarnado o levou e lhe mostrou o local. O fato é que a cena o impressionou.

Macumba: designação de instrumento musical de percussão que os negros trouxeram da África; aqueles que o tocavam eram os macumbeiros. *As expressões se deturparam e, hoje, infelizmente designam a prática do mediunismo sem estudo e até quem faz maldades.*

Terreiro de macumba: existem muitos lugares em que se exerce o mediunismo. Não são espíritas, umbandistas, nem pertencem ao Candomblé. Esses terreiros têm preceitos próprios, cada grupo faz o que quer. Trabalham encarnados e desencarnados trocando favores. Normalmente, eles dizem que fazem o bem, mas fazem aos que pedem e pagam, e quase sempre desse "bem" resulta um mal para outrem.

Como vimos, os freqüentadores do terreiro fizeram o bem para Gerald, do modo deles, como sabem, mas cobraram. Existe água no umbral, vemos filetes, pequenas poças por todo ele. A garrafa de água que Gerald recebeu foi tirada de alguma poça à qual foram colocadas ervas para fortificar e amenizar dores.

Gerald foi socorrido quando se arrependeu. Sua mãe, desencarnada, continuou preocupada com ele e, quando percebeu que poderia socorrê-lo, veio acompanhada por socorristas.

Muitos indagam: Se um desencarnado no vale não consegue ter consciência de seu estado e portanto não consegue se arrepender, como é socorrido? Existe um tempo para cada um ficar no vale. Voltando ao exemplo do ímã, esse, com o tempo, enfraquece, deixa de ser atraído. Os socorristas sabem reconhecer esse tempo. Esse "ímã", porém, é fortalecido pelo ódio, rancor e revolta.

Notamos que Gerald ainda está insatisfeito, queixa-se de ter cometido erros e de não ter aproveitado as oportunidades que teve no passado. Quer ser e fazer no futuro. Comentou comigo que não entende o porquê de os trabalhadores socorristas que servem no umbral serem tão tranqüilos e felizes. Respondi: eles se sentem assim porque não ficam somente no planejar o que ser ou o que fazer no futuro. Compreendem que é o presente que importa. Agora é a hora! Por isso são e fazem no presente. Fazem o bem por amor ao bem. Melhoram a casa, que é a Terra, que têm por moradia, ajudando seus habitantes a serem melhores.

Meu respeito e gratidão a esses trabalhadores, pois o seu dia-a-dia é laborioso; lidam com muitas tristezas. Eles conseguem ver nesses sofredores o próximo de que Jesus falou. Compreendem que Deus está dentro de todos nós e que somos irmãos, filhos de Deus, que, como Pai Amoroso, deixa que seus filhos se ajudem.

3

A imprudente

Luci

– Foi azar demais! Maluquice? Burrice? – indaguei com muitas palavras terminadas em *ice*.

Achei até que foi algo parecido com a roleta-russa, uma brincadeira que se faz com revólver. A conclusão foi: imprudência! Não se brinca com a vida, com o corpo físico que recebemos para viver um período encarnados.

Eu tinha um corpo sadio, era bonita, inteligente e esbelta. Meu físico me agradava e, além disso, tinha família, amigos e tudo de material que queria.

Meus pais eram separados, mas isso não me incomodava. Morava com minha mãe e, no apartamento do lado, residiam meus avós maternos. Tinha três casas, dizia sempre brincando: a da minha mãe, a dos meus avós e a do meu pai. Meus avós tinham cinco filhos, dos quais dois rapazes ainda solteiros. O lar deles era movimentado, alegre, eles me mimavam, era a neta mais velha.

Minha mãe era jovem, bonita, bem-sucedida na profissão, tinha sempre namorados que me agradavam. Mamãe e eu éramos amigas e, embora tivéssemos alguns desentendimentos, nos amávamos.

Via sempre meu pai, que estava casado novamente. Ele teve na segunda união dois filhos – um menino e uma menina. Eu gostava dos meus irmãos. Meu pai, além de me dar muitos presentes, fazia questão de minha presença e conversávamos muito.

Eu fazia planos para o futuro. Mudava sempre de opinião, cada dia queria seguir uma profissão. Quis ser professora de balé, de judô, jogadora de tênis, engenheira, médica etc.

Cursava o primeiro ano do ensino médio. Estava com 14 anos. Lembro bem como tudo começou.

– Luci, Melissa está usando drogas! – comentou Ana Paula, uma colega de classe.

– Não acredito! – exclamei assustada.

– Pois está! Ela mesma me disse. Está fumando maconha. Não notou que Melissa está estranha?

– Não notei nada – respondi.

Melissa era minha amiga. Morávamos no mesmo prédio, nos conhecíamos desde criança e estudamos nas mesmas escolas. Ela era muito bonita, tínhamos a mesma idade. Mas fazia uns meses que não ficávamos mais juntas.

Fiquei pensando em Melissa.

"Acho que foi depois do Natal que nos afastamos mais", pensei.

Nas férias, viajei primeiro com meu pai, depois com mamãe e no finalzinho fui acampar com meus tios solteiros. Melissa também viajou. Começaram as aulas e vi-a poucas vezes.

Fui ao apartamento dela à tarde. Conversamos. Notei que Melissa estava diferente, triste, indaguei o porquê e insisti. Ela acabou contando:

– Luci, estou bem e não estou. Minha vida é uma chatice. Tive de passar as férias com meus avós.

– Mas você gosta tanto deles – falei.

– Gosto! Mas estou adulta e ninguém percebe! Queria viajar com meus amigos e meus pais não deixaram.

– Que amigos? – perguntei.

– Você não os conhece. Também passou as férias toda fora. É um pessoal que conheci no final do ano. São bárbaros! Sabem se divertir! Dançam bem, gostam de baladas, não têm hora para chegar em casa. Meus pais, esses implicantes, me obrigam a chegar em horários determinados. Estou revoltada!

– O que está acontecendo, Mel? Por que você está assim? Nunca a vi revoltada! – quis saber.

– O André não me dá atenção! Ele faz parte dessa turma. É lindo! Tem 23 anos, olhos verdes, alto, é bonito mesmo. Trata-me bem, mas nem percebe que eu o amo.

– É sério mesmo?

– Sim, estou apaixonada! – desabafou minha amiga. – Você não quer conhecê-lo? Se você sair comigo, talvez mamãe não ache tão ruim.

– Vou sim! Quando irá encontrá-los?

– Hoje à noite. Luci, tenho de lhe dizer mais outra coisa. Se você não quiser ir tudo bem. A turma se droga.

– Quê?! Melissa, você tem amizade com pessoas que se drogam? – perguntei assustada.

– Preconceito, Luci? – indagou Melissa me olhando séria.

– Hoje me contaram que você está usando drogas. Não acreditei. A fofoca então saiu daí, por você estar saindo com eles.

– Luci, até fumei uns *cigarros*, mas não estou viciada. Estou tentando conquistar André, e quando conseguir faço-o parar! – falou Melissa determinada.

– É arriscado! – exclamei.

– É nada! Pelo André vale a pena! Vamos sair e você conhecerá a turma. Não tenha medo, eles não forçam ninguém a experimentar.

Fiquei de pensar. Fui ao apartamento de meus avós. Encontrei vovó na sala e perguntei a ela:

– Vovó, como devo agir diante de uma amiga que está com um problema? Ajudo ou não?

– Depende, Luciana – vovó era a única pessoa da família que me chamava pelo nome e não pelo diminutivo. – Devemos sempre tentar ajudar outras pessoas e com mais atenção e carinho os amigos e familiares. Porém, em qualquer situação, devemos avaliar se estamos ajudando mesmo ou se esse auxílio não resultará em algo prejudicial a nós ou até a quem pretendemos socorrer. Quem você quer ajudar?

O telefone tocou, vovó atendeu, era uma amiga dela e esqueceu-se de mim. Fui para o quarto, pensei bastante e concluí que deveria sair com Melissa, conhecer a turma, verificar o que acontecia para auxiliá-la.

Saímos. A turma era de jovens com mais idade. Alegres, me trataram bem, fomos a um barzinho. Conheci André, compreendi o porquê de Melissa estar apaixonada. Além de bonito, era envolvente, sedutor e charmoso. Nada de errado aconteceu no bar. Eles iam para o apartamento de uma das meninas, insistiram comigo e acabei indo. De fato, eles não me ofereceram nada, nem cigarro. Melissa foi para o quarto com os outros e André ficou conversando comigo. Achei-o simpático e senti-me atraída por ele.

André nos levou para casa. Melissa foi para o seu apartamento e eu para o meu e fiquei pensando nele. No outro dia, André me ligou, conversamos, convidou-me para sair de novo com a turma. Não falei para Melissa que ele havia me ligado. Combinei de sair de novo com ela. O mesmo programa, fomos ao bar, depois ao apartamento. Depois de termos saído umas cinco vezes, o grupo conversou comigo. Nesse dia, Melissa não tinha ido.

– Luci, você não quer fumar um cigarro de maconha? – ofereceu uma das garotas.

– Não fará mal algum – disse outra menina. – Fala-se muito que é nocivo, ruim etc. Mas nada disso é verdade. Experimente!

Senti-me como uma criança medrosa. Achei que não teria mal algum e fumei. Fiquei estranha. Senti que o André me amava.

O grupo arrecadava dinheiro. Dei a eles minha mesada e tive de pedir dinheiro ao papai. Ele foi o único que notou alguma mudança em mim.

– O que está acontecendo, minha filha?

– Papai, é que estou apaixonada. Quero com esse dinheiro comprar uma calça nova, ficar atraente para ele.

– Você tem tanta roupa! Mas este garoto é boa pessoa? Estuda? É conhecido? – perguntou papai preocupado.

– Quantas perguntas! – respondi. – Ele é bonito, estuda e é de boa família. Não se preocupe.

Menti pela primeira vez. O fato é que não sabia o que André fazia nem onde morava. Perguntei a Melissa, que me respondeu desconfiada.

– Luci, você não está interessada nele, está? Seria uma traição. Você sabe que eu o amo!

– Claro que não, Mel. Perguntei porque me preocupo com você.

– André não gosta dos pais nem eles gostam dele – falou Melissa devagar. – Tem falado que vai voltar a estudar mas não o fez esse ano. Sustenta-se com a mesada que seus pais lhe dão. Luci, estou numa enrascada! Roubei dinheiro do meu pai, eles acharam que tinha sido a empregada e a despediram.

– Você deixou que eles fizessem isso com a dona Neusa?

– O que você queria que eu fizesse? A turma quer a contribuição e não tinha como arranjar dinheiro. Não quero que o André pense que não tenho como contribuir. Estou economizando, saí do balé, mamãe pensa que estou indo, pego o dinheiro da mensalidade e dou a eles com toda a minha mesada, não tenho dinheiro nem para comprar lanches. Já vendi minhas raquetes de tênis e algumas roupas.

Decidi não sair mais com a turma. Não fui naquela noite. No outro dia, André me ligou, disse que sentiu minha falta, que eu era importante para ele.

Lutei comigo mesma. Achava que estaria traindo Melissa se namorasse André. Que estava agindo errado fumando maconha. Senti uma enorme vontade de revê-lo, percebi que estava apaixonada.

"Não tenho culpa se André preferiu a mim!", concluí.

Decidi sair aquela noite. Melissa não tinha facilidades para sair como eu. Por ficar alguns dias com papai, ter um quarto no apartamento dos meus avós e outro no da mamãe, enganava-os fácil. Dizia dormir com a vovó para mamãe e, para meus avós, que estava com minha mãe.

Mamãe era jovem, saía muito, era só chegar antes dela, me trancar no quarto, ou sair e deixar o quarto trancado, não fazer barulho ao chegar. O fato é que ninguém percebeu que eu estava saindo muito e voltando tarde.

Não falei nada a Melissa que ia sair com André. Arrumei-me com capricho e fui encontrar-me com ele.

Sedutor, ele me disse que eu era linda, que me amava etc. A turma chegou, ele comunicou que estávamos namorando. Percebi que duas garotas acharam ruim, mas não falaram nada. Fomos ao apartamento como de costume. Fumamos.

– Luci – disse André –, para você fazer parte da nossa turma tem de experimentar a cocaína.

– Acho perigoso! – exclamei.

Riram.

– Que pena! Você ainda é uma menininha medrosa! Pensei que era adulta, que poderíamos namorar sério, casar talvez! – comentou André sério.

Não gostei da gozação. Lutei comigo mesma naquele instante. Dentro de mim parecia ser duas. Uma em alerta: "Saia dessa! Corra! Vá embora! Drogas viciam, acabam com a pessoa!". E outra: "Não posso perder o André, amo-o! Tudo o que falam das drogas deve ser mentira! Não quero parecer criança!"

– É que tenho medo de injeções! – exclamei.

Riram.

– Você não sente nada, bobinha! – disse uma moça[1] – André aplica bem. Tome esta bebida! Fume mais um cigarro!

Bebi e fumei. André me aplicou a cocaína. Tudo ficou muito confuso. Todos saíram e somente André ficou comigo. Ele me beijou e passou as mãos pelo meu corpo.

1. De acordo com o Espírito Antônio Carlos, Luci não quis citar mais nomes. (Nota da Médium)

Tentei empurrá-lo. Nunca tivera relações sexuais e não queria que a primeira vez fosse daquele modo. Senti-me sufocada, com dificuldades para respirar, uma dor forte no peito e muita aflição. Não consegui falar, respirar ou pedir ajuda.

– Calma, garota! – ouvi André dizer.

De repente, parei de respirar. Ele percebeu e gritou. Os outros que estavam pelos quartos vieram correndo.

– Luci está passando mal! – explicou André, abotoando minha blusa.

– Acho que ela morreu! – expressou assustado um garoto.

– É azar demais! Abram a janela! Coloque-a sentada – disse uma moça.

– Ela não respira! E agora, que faremos? – falou um rapaz.

– Pelo amor de Deus não chame a ambulância! Seria um escândalo! Papai é político! Ele me mata! Manda-me para fora do país! – disse uma moça, a dona do apartamento.

– Calma! Vamos falar baixo para que os vizinhos não nos escutem – pediu André.

Discutiram falando baixo. Voltei a respirar com dificuldade, estava confusa, com dores e me sentindo ser duas.

Um dos rapazes, que tinha estudado medicina por dois anos, tentou auscultar meu coração, não conseguiu e informou à turma:

– Ela está morta!

– Vamos fazer o seguinte – falou André determinado. – Vamos sair com naturalidade, como de costume, e eu com mais dois iremos levar Luci à cidade vizinha e deixá-la na porta do hospital. E vamos rápido. Ninguém sabe que ela está conosco.

"Hospital! Ainda bem!", pensei.

Achando que tudo o que acontecia era efeito da droga, tentei me acalmar. Mas continuei sendo duas, ou sentindo ser. Pegaram-me pelos braços e me levaram até um dos carros. André cobriu a placa do veículo e comentou:

– Se acaso nos virem, não poderão anotar a placa.

Fiquei no banco de trás entre dois garotos. André dirigiu. Pararam e me deixaram caída na calçada. O ar frio da noite me aliviou. Queria me mexer e não conseguia, nem pude gritar. O vigia me achou logo em seguida, buscou socorro e vieram com uma maca e me levaram para dentro do hospital.

"Agora recebo auxílio e melhoro!", pensei.

Um médico me examinou, fez um eletrocardiograma e exclamou:

– Está morta!

– Que pena! É ainda uma menina! – lamentou uma enfermeira.

– Drogas? – indagou a atendente.

– Pelo cheiro é. – respondeu o médico. – Álcool, cigarro de maconha e, pelo sinal de agulha no braço, cocaína.

– Pobre criança! – expressou a enfermeira.

– Não tem documentos. Faço o de costume? – perguntou a atendente.

– Sim, com certeza, a família virá procurá-la – respondeu o médico.

Cobriram-me com um lençol. Confusa, com dores e com dificuldades para respirar, vi tudo, mesmo quando a enfermeira fechou meus olhos. Fiquei ali me sentindo ser duas.

Outras pessoas aproximaram-se de mim.

– Calma, garota, vamos cuidar de você! – disse um senhor de aspecto bondoso. – Vomite!

Vomitei uma gosma preta e me senti melhor.

– Agora tome isto!

Tomei uma água com gosto de remédio.

– Infelizmente, você não irá dormir. Tente se acalmar.

– Não me deixe sozinha, por favor! – pedi.

Não *falei*, não senti falar com a *boca*, que estava fechada. Mas me comuniquei.

– Menina – disse esse senhor bondoso –, temos muito o que fazer. Muitos esperam auxílio. Você foi imprudente. Neste local ninguém a molestará. Ficará aqui até que alguém de sua família a encontre.

Chorei. Senti as lágrimas escorrerem pelo meu rosto, mas ele estava seco.

– Diga-me pelo menos o que está acontecendo – pedi.

– Você descobrirá por si mesma. Não sabe orar? Então rogue auxílio a Deus! – respondeu o senhor.

Alguém me colocou numa maca e me levaram para outro local. Meu corpo coberto com um lençol e eu vendo. Era uma sala grande; ali estavam pessoas diferentes: umas pareciam densas, outras etéreas; umas pareciam trabalhar, algumas pediam auxílio e outras estavam desesperadas.

– Onde estou? – achei que *pensei*, mas escutei minha própria voz indagando.

Uma senhora me olhou e respondeu com voz triste:

– Eu estou ali! Veja aquele corpo deitado! Estive doente por muito tempo. Acho que morri! Você está ali e aqui! Este local é a parte do hospital onde preparam os cadáveres. Vão arrumar o meu.

Vi pessoas que pareciam pesadas indo em direção do cadáver que a senhora me mostrou. De repente, ela sumiu. Olhei bem para uma mesa ao meu lado e debaixo do lençol me vi. Estava com expressão de horror, de sufoco. Chorei.

– Nunca mais tomo drogas. Que horror! Que pesadelo! Quero acordar e ir embora! Quero ir para casa! – falei gritando.

Um senhor me pediu para não gritar mais. Fiquei ali de pé ao lado daquela mesa, chorando. Que horas de agonia! Horror dos horrores! Sofri muito. Medo, dores, vontade de acordar e estar em casa. Queria meus pais, meus avós, minha família.

Enquanto eu estava passando por isso, vou contar o que acontecia com os outros membros da turma e com minha família. Fiquei sabendo tempos depois.

Era norma da escola que eu freqüentava que, por medida de precaução, quando precisávamos faltar, os pais ou responsáveis tinham de avisar. Como não fui à aula, ligaram para minha avó. Por não saber de mim, ela foi me procurar. Meu quarto estava trancado. Como não respondi, vovó chamou o porteiro, que logo estava arrombando a fechadura. Meu quarto estava arrumado e eu não estava. Minha avó sentia sempre quando algo não estava certo. Ela se apavorou, avisou meu avô, minha mãe, meus tios e meu pai. Ninguém sabia de mim.

Um dos meus tios foi à escola. Conversou com minhas amigas. Melissa não disse nada, não me vira nem sabia de mim. Mas Ana Paula, a amiga que me avisara que Melissa estava usando drogas, foi à diretoria e informou à diretora e ao meu tio:

– Avisei Luci que Mel estava usando drogas e ela foi tentar ajudá-la. Acho que Luci saiu com a turma dela. Não sei quem são, mas Mel deve saber.

Melissa foi chamada à diretoria e negou:

– Não uso drogas, não saí com a turma que se droga e não sei de Luci.

Mas não convenceu, os pais dela foram chamados e a levaram embora chorando. Seus pais, que já tinham notado que a filha estava diferente, com comportamento estranho, conversaram com ela, que acabou falando da turma e citou nomes. Papai e meus tios foram à polícia. Alguns dos jovens eram de família importante, o delegado ficou indeciso, falou que ia procurar-me primeiro, meu pai o ameaçou, então investigadores foram atrás de alguns membros da turma. Uma das moças contou o que aconteceu, porém disse que eu é que era viciada. Minha família foi ao hospital.

Ao vê-los entrar naquela estranha sala, senti alívio e pensei: "Agora eles me ajudam! Vou acordar deste pesadelo!"

– Luci! – exclamou mamãe apavorada.

Minha mãe correu para o meu corpo deitado, tirou o lençol, deu um grito de dor tão forte que se fez silêncio no local.

– Luciana! – exclamou vovó.

– Minha filha! – expressou papai chorando.

Choros. Eu também chorava desesperada.

– Você é a culpada! – acusava exaltado papai para minha mãe. – Nunca deveria tê-la deixado com você! Descuidou-se dela!

– Você é que não deveria ter saído de casa! – gritou se defendendo minha mãe. – Se estivéssemos juntos, nada disso tinha acontecido.

– Parem os dois! – ordenou meu avô em tom enérgico. – Não é hora para acusações. Não entendo também o porquê. Mas não foi culpa de ninguém. Luci era amada, feliz e estava bem.

Ninguém compreendeu. Um dos meus tios tomou as providências cabíveis. Eles saíram da sala. Pessoas que eu vira trabalhando aproximaram-se do meu corpo deitado, percebi que mexiam em mim, mas não senti nada. Uma senhora me abraçou delicadamente, confortando-me. Só depois descobri que aquela suave presença era uma trabalhadora desencarnada. Quando olhei meu corpo deitado, vi que estava com melhor aspecto, com outra roupa e num caixão. Mas continuei com a roupa que estava, a que saíra na noite anterior.

Fui, ou fomos, ao velório, eu viva, aflita, sofrendo muito e o meu corpo gelado, arrumado numa urna luxuosa.

Amigos chorando, meus familiares desesperados, ninguém conseguia entender o porquê.

– Luci morreu por *overdose*?

Quando faltavam poucos minutos para o enterro, um senhor desencarnado aproximou-se de mim com carinho e me disse:

– Luci, agora chega! Você virá comigo.

– Senhor, por favor, me responda – pedi. – Estou sob o efeito da droga? Ou é verdade o que estou vendo?

– É verdade! – respondeu o senhor.

No velório, não parara de chorar, estava cansada, encostei minha cabeça no ombro dele e saímos. Não era mais duas, agora era somente uma. Fui levada para um hospital, duas enfermeiras me limparam com delicadeza, me ajudaram a trocar de roupa, vesti uma limpa e de dormir, deram-me água e me deitaram na cama.

– Durma, Luci!

Dormi. Tive um sono agitado. Sonhei com meus familiares chorando, com a cena em que tomei a injeção, com André sobre mim, eu sufocando, a dor no peito.

Acordei triste, entendi que algo realmente grave me acontecera. Perguntei à enfermeira:

– Senti-me mal com a droga que tomei? Estou no hospital? Delirei? Aconteceu tudo aquilo que vi? Meu corpo morreu? Onde estou? Quero meus pais!

A enfermeira me ajeitou, ofereceu água e, como fiquei olhando-a, explicou:

– Luci, já passou o efeito maléfico da droga que tomou. Você está num hospital. Não fique nervosa, logo estará bem. Vamos cuidar de você.

– Meu corpo morreu, não é? Vou para o inferno?

– Luci, meu bem! Você acordou?! – falou um senhor.

Era a mesma pessoa que me buscou no velório e que acabava de entrar naquele quarto enorme em que estava, a enfermaria. Olhei-o e o reconheci, já tinha visto suas fotos.

– Você não é o pai de minha avó? É tão parecido com meu bisavô!

– Chamo-me Olavo. Sou de fato o pai de sua avó e vim ajudá-la.

– Morri mesmo! – exclamei.

Chorei muito. Acho que chorei tanto que a lembrança mais forte desse período é de eu chorando. Com bondade e paciência, esse meu bisavô me contou que sofri um infarto causado pela bebida, maconha e cocaína e desencarnei.

Foi um período de muito sofrimento. Eu não queria ter mudado de plano. Queria estar entre meus familiares, na escola e com meus amigos. Ainda mais que soube que muitos sofriam por mim. Sentia-me culpada! Achava que fora muito azar ter desencarnado com a primeira dose. Mas o azar não aconteceria se eu não tivesse experimentado a droga. Sonho muito que estou encarnada. Como gostaria de mudar os acontecimentos! Se voltasse no tempo, com certeza agiria assim: quando Ana Paula me contasse que Mel estava usando drogas, contaria à minha avó e deixaria que os adultos resolvessem; não sairia com ela etc. Mas o tempo não volta...

Minha adaptação foi longa, difícil e sofrida. Não senti falta das drogas, pois não fui viciada. Mas senti tremendamente a falta de tudo o que tinha quando encarnada. Meu bisavô me ajudou muito. Quando me senti melhor, fui morar com ele em outro local. Conheci outra escola, voltei a estudar.

– O tempo cura as feridas! – escutei muito em consolo.

"Mas deixa cicatrizes!", pensava tristonha.

Preferia estar encarnada. E o tempo de fato encarregou-se de suavizar minhas dores. Novos amigos me ajudaram, jovens que vivem aqui na espiritualidade. Acostumei-me e estou me esforçando para estar bem.

Meu bisavô me manteve informada do que acontecia entre os encarnados.

Meu pai afastou-se definitivamente da família de minha mãe. Ele ainda acha que foi descuido, mas papai tem os outros dois filhos. Lembra-se de mim com amor e com um pouco de culpa.

Mamãe sofreu tanto que meus tios acharam que ela ia morrer de dor, internaram-na num hospital onde fez sonoterapia, depois viajaram com ela. Demorou para se recuperar, se é que posso dizer que se recuperou, acho mesmo que nunca voltará a ser como antes. Trabalha muito, é uma excelente profissional.

Melissa afastou-se das drogas. Com o susto da minha desencarnação, quis ajuda. Seus pais a levaram para fazer um tratamento numa clínica especializada. Não estava muito dependente e recuperou-se logo. Sente muito remorso por ter me levado para conhecer a turma.

Sobre a turma, compreendo agora que André usava de seu charme para viciar garotas "tolas", como ele denominava meninas como Melissa e eu. Apaixonadas, davam dinheiro a eles para manterem seus vícios. Os pais deles foram alertados, ninguém foi preso, mas o grupo se desfez. Cada um foi para um local ou uma clínica. Uns se recuperaram; outros infelizmente não. André desencarnou anos depois, não o vi, mas meu bisavô me informou que ele estava completamente preso ao vício e que não teve o merecimento de ter um socorro e foi para o umbral. Não conheço o umbral, lugar onde se reúnem no plano espiritual aqueles que cometeram muitos erros, mas vi imagens dessa região sombria. Tenho orado por ele. André não se arrependeu, ele viciou muitas garotas.

Foi uma tremenda imprudência ter me envolvido com essa turma, ter experimentado drogas. Já me denominei de tudo, menos de esperta. Mas aconteceu! Poderia estar encarnada, estudando, com minha família e não os ter feito sofrer tanto.

Não tenho muitos planos para o futuro. Se reencarnar, nada será como antes. Com certeza terei outros pais, outra família, outro corpo. Não quero reencarnar, nem agora isso é possível. Muitos querem essa oportunidade, terei de esperar.

Sou muito grata pela ajuda que recebi, pelo socorro e pela orientação, pois poderia ter sofrido muito mais se não tivesse recebido ajuda. Estou sendo obediente, tentando ser prudente, estudando e aprendendo a ser útil. Tenho horror às drogas. *Horror*, medo não é bom. Faço terapia para deixar de sentir esses sentimentos. Rezo para Deus ter piedade de mim e nunca mais colocar drogas no meu caminho.

Pensei muito em que título colocar nesta minha narrativa e fiz uma lista com umas dez opções. Antônio Carlos sugeriu colocar "imprudente". No meu entender foi delicadeza dele. É muito triste deixar uma encarnação, como eu fiz. Tenho vergonha de contar a outros jovens, aqui, como foi que mudei de plano, principalmente depois de escutá-los:

– Desencarnei por câncer!

– Eu, por um acidente!

– Por uma doença grave!

Eles estão bem. Compreendi o porquê. Eles voltaram à espiritualidade no tempo certo, eu abreviei o meu tempo, por isso sofri muito.

Se pudesse, gritaria aos jovens encarnados:

– Afastem-se das drogas! Por Deus, não se aproximem desse veneno!

Mas estou contente por ter tido permissão para fazer este relato. Os mortos não voltam! Não?! É porque ninguém morre! Desencarnados estão por aí e vivos. A vida é uma! Que o Pai Misericordioso nos abençoe!

Explicação de Antônio Carlos

Luci não agiu certo tentando ajudar a amiga. A atitude correta, sem risco, seria ela conversar com sua mãe ou avó e deixar que os adultos informassem os pais de Melissa. Não devemos fazer o que desconhecemos ou o que não sabemos. E ao auxiliar não se deve correr risco como Luci fez.

Vimos que traficantes ou até mesmo alguns usuários usam de alguns truques para obter dinheiro, como André, que conquistava garotas e obtinha delas o que queria.

Quanto à overdose, *Luci não tomou dose excessiva. Cada organismo reage de forma peculiar. Alguns usuários tomam a mesma dose por anos e isso vai danificando o físico e um dia o leva à falência e à morte física. Outros tomam drogas em dose mais forte, às vezes até com intenção de morrer, mas tal não ocorre. O certo é que drogas são venenos, e um dia o envenenado, por danificar tanto a vestimenta carnal, desencarna. Assim como Luci, muitas pessoas têm um corpo físico que não tolera nenhuma dose e entra em colapso. Se Luci não tivesse tomado cocaína, não teria desencarnado, pois ela era sadia.*

A explicação para o fato de sentir-se desdobrada em duas é a seguinte: seu coração parou, seu corpo carnal morreu. Seu espírito revestido com seu perispírito foi afastado do corpo físico, porém continuou ligado a ele.

Jesus pediu ao Pai que mandasse trabalhadores à sua messe há 2000 anos e com certeza o Nazareno deve continuar pedindo. São poucos os que servem e muitos ainda os que querem e precisam ser servidos. Faltam trabalhadores do bem tanto no plano físico como no espiritual. Os socorristas do hospital para onde Luci foi levada ajudaram-na a sentir-se melhor, mas não puderam lhe fazer companhia. O socorrista do hospital ajudou-a a vomitar os miasmas negativos que as drogas deixaram no seu perispírito, a água ajudou-a a melhorar. Enquanto o desencarnado ainda estiver sentindo os reflexos do corpo físico, sente sede e fome, e a água é sempre benéfica.

Quando um encarnado está para desencarnar, afetos que estão na espiritualidade têm conhecimento do fato e muitos pedem para ficar perto e ajudá-los. Mas como não estava prevista a desencarnação de Luci, seu bisavô somente soube disso quando sua filha, a avó dela, chorou, sofreu e pediu ajuda a Deus. Aí Olavo veio auxiliá-la e por um processo lento desligou seu espírito da matéria morta e a levou para um posto de socorro.

Não são somente desencarnados bons que ficam perto de afetos para ajudá-los no momento da desencarnação. Desafetos, espíritos vingadores também aguardam a desencarnação daqueles que os prejudicaram.

A preparação de cadáveres não é um ato agradável de se ver, principalmente quando se trata de nosso próprio corpo. Normalmente, sem ser regra geral, trabalhadores bondosos impedem que o recém-desencarnado veja ou sinta, principalmente quando se faz autópsia.

E quando abreviamos a vida encarnada, seja de maneira consciente querendo mesmo deixar de viver no físico, seja inconsciente, por agir imprudentemente, volta-se à espiritualidade com a sensação de que não deveria ter vindo, que no plano físico havia muito o que fazer, ou de que "fugiu" de um plano, fez a mudança sem ser a hora. Sente-se ainda preso, e essa sensação causa sofrimentos. A reencarnação é bênção pela qual devemos ser gratos e aproveitar a oportunidade. Não se deve abusar do corpo físico, nem intoxicá-lo ou envenená-lo. Devemos cuidar dele com todo carinho e atenção, dando valor a essa vestimenta que usamos para viver encarnados o tempo previsto.

Infelizmente, a droga foi a causa da desencarnação de Luci e de muitas outras pessoas.

4

O enlameado

Barbicha

Preparei-me por dez dias numa sala de aula para fazer este relato. Eu o fiz e refiz muitas vezes. Almejei narrar minha história com o objetivo de alertar outras pessoas.

Muitas vezes, as lembranças do que vivi encarnado vêm à minha mente como um filme chato e repetitivo, e essas recordações me fazem sofrer.

– Poderá se sentir melhor se recordar também dos acontecimentos bons – aconselhou-me uma orientadora.

Concluí com tristeza que as boas recordações eram raras: presentes que ganhei nas creches, brincadeiras na escola, algumas vezes na infância em que me alimentei bem, quando vesti uma roupa nova.

– Essas recordações são de coisas materiais. Você não fez nada de bom a alguém? – insistiu a orientadora.

Pensei: "Dei um presente à minha avó, mas não vale, porque o roubei. Dei alguns presentes, mas nenhum foi fruto de um trabalho honesto. Defendi algumas pessoas, mas quase sempre para ter algo em troca. Somente uma vez, quando estava preso, defendi um jovem de ser torturado pelos outros detentos. Acho que foi a única vez que fiz algo sem esperar receber nada".

E amargurava-me com as lembranças.

Nasci num morro, numa favela, filho e neto de prostitutas. Ia a creches quando pequeno e ao retornar em casa ficava sozinho. Assim, aprendi a me virar, ficava solto pelo morro. Fui à escola, gostava, aprendi a ler e a escrever com facilidade. Com dez anos, comecei a entregar drogas. Vovó me aconselhava:

– Jair, você deve entregar as drogas direitinho; faça seu serviço bem-feito e não se vicie. Viciado não presta para nada e morre logo. Você é inteligente; com mais idade fará com certeza parte do bando e poderá ser um dos chefes. Terá vida boa, tudo o que quiser.

O dinheiro que ganhava ia quase todo para as despesas de casa, não porque eu queria: vovó e mamãe o tomavam de mim. Minha mãe era usuária, viciada em drogas. E vovó estava sempre me alertando:

– Não use drogas, veja como está sua mãe! Logo ela morre!

Com 13 anos, aprendi a lidar com armas. Tornei-me um membro da gangue infantil. Os adultos é que nos comandavam. Com 14 anos, fiz o meu primeiro assalto: roubei um casal de namorados. Dei o dinheiro para vovó comprar remédios para minha mãe. E não parei; passei a roubar, a entregar drogas e a assaltar à mão armada. Estava com 16 anos quando o chefe me chamou:

– Barbicha, se você fizer um serviço para nós, entra para o bando em definitivo. Será um dos meus colaboradores diretos.

Quase todos do bando tinham apelido; eu deixei a barba que começava a crescer sem cortá-la e ganhei o apelido Barbicha. O trabalho era matar um jovem da quadrilha inimiga que estava vendendo drogas no nosso território (o local que achávamos que era nosso, em que costumávamos fazer ponto).

Segui o jovem por uns dias e numa noite o matei com um tiro na cabeça. Quando o vi caído ensangüentado, senti um mal-estar, mas que passou assim que recebi os cumprimentos e a recompensa.

Passei a usar drogas, mas com cuidado para não me exceder. Determinei dias certos e somente usava a quantidade que separava para mim, e a consumia nas minhas folgas ou quando ia para casa descansar. Quando comecei a ter mais dinheiro, saí da casa de minha avó. Mudava muito de um barraco para outro e morava sempre sozinho.

Vovó orgulhava-se de mim.

– Jair, é isso aí, você deve crescer dentro do bando e não se esqueça de sua avó que o criou.

Minha mãe estava muito viciada. As duas, vovó por estar velha e mamãe pelas drogas, estavam feias e não achavam mais clientes, então eu lhes dava dinheiro. Não gostava de fazer isso, mas vovó vivia me cobrando.

– Barbicha – disse meu chefe –, vou fazer um comando no morro vizinho e quero que você vá para lá como um dos meus comandantes.

Aceitei, assim me livrei da vovó e de minha mãe e passei a lhes dar dinheiro de vez em quando. Tempo depois, mamãe desencarnou de tantas drogas que tomou e vovó se virava com pequenos golpes e até pedindo esmolas.

Nesse morro em que passei a residir, tive muitas amantes e uma delas teve um filho, um garoto bonito. Separei-me dessa moça, mas dava-lhe dinheiro. Meu filho, com três anos, ficou doente e faleceu no hospital.

Tenho uma lista enorme de erros cometidos. Assaltos, brigas e assassinatos. Atirei em dois jovens para roubar e um deles morreu. Matei um policial para subir de posto no bando, mandei torturar uns inimigos e estuprei uma jovem. Vendi drogas, fui traficante. Pelo meu ato ambicioso, viciei muitas pessoas levando-as a sofrer e aos seus familiares. Devo ter provocado muitas tragédias. Se fica um pouco de perfume nas mãos de quem oferece rosas, de quem sabe ser generoso, as mãos de quem comete crueldades tornam-se fétidas e sujas.

Fui preso uma vez quando participava de um assalto. Eu devia distrair a polícia enquanto recebíamos drogas e armas. Me bateram muito na cadeia, senti muito ódio, fiquei na prisão por três anos. Sentia muito a falta das drogas, entendi então que estava viciado. O bando a que pertencia me mandava drogas e patrocinou minha fuga.

Voltei ao morro, ao meu posto, com mais vontade de servir ao bando e de praticar atos maldosos.

Mais assassinatos. Estávamos brigando com uma quadrilha rival pelo domínio do morro.

Num descuido meu, fui preso pelos inimigos, levado com mais dois companheiros para um local afastado, que era conhecido por "desova". Estávamos amarrados, atiraram em nós, nas pernas e nos braços. Senti os ferimentos arderem, doerem terrivelmente. Jogaram em nós álcool e gasolina. Apavoramo-nos, pois íamos ser queimados vivos. E foi o que aconteceu. Riscaram o fósforo e ficaram olhando de longe e rindo do nosso desespero e sofrimento.

Pensei que não ia acabar mais aquela agonia, quando vi uns vultos nos tirarem de lá.

– Venham! Deixem esses corpos carbonizados aí!

Sentia dores terríveis, levantei-me, senti-me confuso, tonto, mas quis avançar sobre o grupo rival que ria, mas o vulto me segurou:

– Tome isto, companheiro!

Tomei um líquido e me senti melhor.

– Deixem-nos. A vez deles chegará como chegou para vocês! Morreram! Os seus corpos de carne faleceram, mas vocês, em espírito, continuam vivos. Vamos levá-los daqui!

Não vi mais nada, dormi. Acordei num quarto com os outros dois que morreram comigo. Eles acordaram também.

– Onde será que estamos? – perguntou um deles.

– Estou sonhando? – indagou o outro.

– Não! – respondi. – Acho que não estamos sonhando. Também não estou entendendo o porquê de estarmos neste local. Lembro que fomos presos, eles nos amarraram, nos levaram para a desova, atiraram em nós e colocaram fogo. Foi terrível! Os vultos nos tiraram da fogueira, deram algo para bebermos e dormimos. Acho que estamos com eles.

– Mortos? – indagou apavorado um deles.

– Não sei – expressei. – Não temos os ferimentos. Cadê as balas das pernas e dos braços? E as cicatrizes das queimaduras?

Logo um homem entrou no quarto e explicou-nos o que acontecia:

– Vocês de fato foram amarrados, receberam tiros e foram queimados. O corpo de carne que usaram para viver no plano físico já era, virou carvão. Mas, como não morremos, somos sobreviventes, vocês foram trazidos para cá. Ânimo, moçada! A vida continua e poderão, se quiserem, viver melhor aqui do que lá. Sou encarregado de ajudá-los enquanto estiverem confusos.

– Estamos no inferno? – perguntou um dos meus companheiros.

– Que inferno que nada! Aqui é um lugar muito bom. Temos de tudo de que gostamos. Vocês vão gostar! – esclareceu o homem.

– Mas Deus não castiga? – perguntou o meu companheiro.

– É melhor não pronunciar esse nome aqui – advertiu aquele estranho homem. – Não é bom de se ouvir. Esse camarada que você citou deve existir, mas não vem aqui nem julga ninguém. Não precisam se preocupar com isso.

Com vontade de usar drogas, fomos levados para perto de um grupo. Achei estranho.

– Reparem bem para aprender – aconselhou o homem que nos ciceroneava. – Vocês eram assim como esses jovens, tinham corpo de carne e osso, morreram e agora vão viver como eu.

– Somos agora almas dos mortos, como se diz no terreiro? – perguntou um dos meus companheiros.

– Somos chamados de vários modos. O certo é desencarnado. Prefiro o título de espírito trevoso. Vou ensiná-los a se drogarem. Esses caras são encarnados, porque vivem ainda usando um corpo material, e estão se drogando. É só chegar perto deles e sugar, que vocês sentirão os efeitos das drogas.

Fiz o que ele me ensinou. Delícia! Sentir que usava drogas foi um alívio.

Aquele homem nos ensinou muitas coisas, mostrou-nos a cidade em que estávamos abrigados. Esclareceu:

– Aqui é uma das cidades em que vivem os que se revoltaram, como nós, contra Aquele, cujo nome não quero dizer, que dizem que nos criou.

– Não me revoltei contra ninguém – opinou meu colega.

– Você deve tomar cuidado com o que fala. É novato e não vou levar em consideração. Como não? Você por acaso fez o que Ele quer de nós? Foi bom? Seguiu seus mandamentos? Não! Você roubou? Matou? Cometeu adultério? Então foi um revoltado. Ou melhor, é um!

Enquanto ele falava, nós três concordávamos com um gesto de cabeça.

Demoramos alguns dias para conhecer a cidade, que era grande, um emaranhado de ruas tortas e muitos prédios.

– A vida aqui é parecida com a que eu tinha no plano físico – comentou um dos meus companheiros.

– De fato, não muda muito – explicou o homem que foi encarregado de nos orientar. – Aqui temos chefes que mandam. Há prisões e castigos para os que não obedecem. Temos de servir à cidade e ao chefe.

– Todos os que vêm para cá são tratados como nós? – eu quis saber.

Nosso cicerone gargalhou e respondeu:

– Claro que não! Não vê as prisões lotadas? Os que servem como escravos? Os que são castigados? Vocês e eu fomos escolhidos para sermos trabalhadores diretos do chefão. Isto é, pelo nosso histórico, pelo que fizemos quando encarnados, ele acha que podemos servir à sua causa. Fomos ruins o bastante para servi-lo. Entendeu?

– Acho que sim – respondi. – Fomos maldosos encarnados e continuamos a ser desencarnados.

– É mais ou menos isso – esclareceu o homem. – Porém, advirto-os: obedeçam e façam bem-feito o que for ordenado. Nosso chefe é terrível com os desertores, traidores e desobedientes.

Nós três o olhamos e concordamos em ser fiéis ao chefe. Mas um dos meus companheiros indagou curioso:

– Pensava que ao morrer ia ser castigado. Mas continuei a viver como sempre. Essa história de fazer o mal e sofrer é mentira?

O homem pensou um instante e respondeu baixo:

– É melhor você não perguntar tanto. Muitos sofrem sim, já não vimos as prisões? Já andamos pelo umbral e vimos muitos sofrimentos. Uns dizem que os sofrimentos são conseqüências das maldades feitas e essas podem tardar mas não falham. Atos feitos, reação a caminho. Mas para que se preocupar com isso? Quanto mais tardar, melhor. Vamos aproveitar o presente e não pensar no futuro.

Ao escutar isso, senti um frio na barriga. E resolvi seguir o conselho. Se um dia tivesse de dar conta dos meus erros, o melhor era adiar.

– Quem são aqueles ali? São diferentes! – perguntei.

Eram uns homens parecidos conosco só que estavam com uns cordões.

– São encarnados! – explicou o homem. Devem estar dormindo, isto é, seu corpo carnal está adormecido e eles vêm aqui para receber orientações. Ajudamos muito os encarnados que são nossos filiados.

– Filiados?! – indagamos os três juntos.

– Claro! Vocês também, quando encarnados, foram nossos filiados. Tanto que, ao desencarnarem, fomos buscá-los, desligamos vocês da matéria morta, não os deixamos sofrer, porque padeceriam muito se ficassem vivos presos ao corpo físico morto. Estão abrigados aqui e eu estou ensinando a vocês como viver no umbral.

Depois de dois meses em que conhecemos tudo, aprendemos a vampirizar para ter a sensação de que usávamos drogas, participamos de festas naquela estranha cidade. Nessas festas, vinham encarnados, que se divertiam junto com os desencarnados. Podíamos desfrutar de todos os prazeres de que gostássemos.

"Desencarnar não é ruim!", pensei.

– Vocês estão em fase de adaptação. Terão de trabalhar. Eu os estou ensinando, portanto trabalhando.

Esse período terminou e fomos levados para conhecer o chefe e dele receber orientação.

O chefe era uma pessoa que aparentava normalidade, vestia calça *jeans*, botas pretas e camiseta. Lembrei que já o tinha visto nas festas, e nelas estava vestido diferente, com roupas de couro, colete dourado e algumas jóias. A vestimenta usada nessa cidade era diversificada, a maioria seguia o que os encarnados usavam no momento.

– Sejam bem-vindos! – falou o chefe nos olhando. – Espero que continuem a servir à causa! Não gosto de brigas e quero obediência! Vocês ficam sob o comando de um dos meus chefes diretos. Trabalhem e poderão usufruir dos nossos prazeres.

Íamos nos separar, cada um ia para um grupo. Quando estávamos para sair da sala, vi um homem que matei. Olhamo-nos furiosos.

– Já falei que não quero brigas! – falou o chefe em tom autoritário. – Você o matou e foi morto! Agora esqueçam isso! Seríamos muito mais fortes no plano físico se nos uníssemos aqui. Não quero dividir forças. Temos bandos rivais e nossos inimigos declarados, os samaritanos, que não têm outra coisa a fazer que tentar nos modificar. Se não ficarmos unidos, acabaremos. Vocês não trabalharão juntos, mas deverão se encontrar pela cidade. Não quero que conversem nem que briguem. Senão, castigo os dois. Entenderam? Agora vocês pertencem ao mesmo bando.

Obedecemos, principalmente porque conhecíamos as prisões daquela cidade umbralina. Se encarnados acham que os presídios do plano físico são desumanos, os desta cidade e os de outras no umbral são mil vezes piores. Ainda mais que não se morre de novo.

Meu primeiro trabalho era vigiar as festas, de dez em que trabalhava, podia desfrutar de uma. Organizava, vigiava para não ter brigas, trazia alguns encarnados e os levava de volta. Limpava os salões e podia transitar pelo plano físico, aproximar-me de encarnados usuários e sugar energias tóxicas.

E as maldades continuaram. Tive outro trabalho, que era incentivar encarnados, principalmente jovens, a experimentar e usar drogas e incentivá-los a assaltar. Um dos meus companheiros gostava quando matavam alguém. Ele se deliciava com os fluidos de sangue.

– Vicia! – explicava ele.

Nunca experimentei.

Meu terceiro trabalho, em que fiquei muito tempo, foi no "Salão da Vingança". Era uma sala grande, uma das mais discretas da cidade. Com quadros de anjos exterminadores nas paredes e de figuras ferindo com espadas e ateando fogo em outras pessoas. Dizeres abaixo das gravuras ou nas colunas exaltavam o direito à vingança. Na frente da sala, em posição de destaque, escrito em dourado com fundo preto estava: "Olho por olho, dente por dente, ofensa por outra maior. Temos o direito de castigar o ofensor. Vingança sempre!"

O chefe da cidade raras vezes ia lá. Estava presente apenas quando havia assuntos mais específicos ou que envolviam um dos membros da cidade. Senão, quem presidia as reuniões era um dos seus comandantes.

Era tudo muito organizado, havia secretárias que tomavam notas e era designado um ou mais componentes da equipe para resolver cada caso. Eram muitos os membros da equipe que ajudavam nas vinganças. Quando um grupo acabava uma tarefa, tinha um período de descanso; depois ele se apresentava para outra.

Como iniciante, eu acompanhava os veteranos. Comecei por buscar encarnados e levá-los às reuniões.

Na minha primeira tarefa, saí com mais dois companheiros. Chegamos à casa de uma senhora que estava revoltadíssima e se expressava exaltada:

– Ele me paga! Ladrão! Maldoso! Quer me expulsar daqui! Para onde vou? Maldito! Que o diabo me ajude e o carregue para longe daqui!

Ela dormiu e continuou blasfemando. Afastamos seu perispírito do corpo físico adormecido. Com educação, o que comandava a excursão lhe disse:

– Senhora, sabemos que está sendo injustiçada e estamos aqui para ajudá-la.

Ela começou a falar palavras injuriosas, e meu companheiro interrompeu-a:

– Venha conosco! Podemos lhe fazer justiça!

A sessão no Salão da Vingança começava assim que os encarnados escalados para aquela noite chegavam. Cada convidado falava de seus ódios, escutava conselhos imprudentes e maldosos. A primeira a falar foi uma moça:

– Ele não escondeu que era casado. Queria-me somente como amante! Mas abusou dos meus sentimentos! Terminou comigo dizendo-me que eu não presto e que a mulher dele é uma santa!

– O que quer fazer? – perguntou o que comandava a sessão e que era chamado de muitas maneiras: juiz, senhor justiceiro, vingador etc.

– Ele se orgulha tanto do filho – respondeu a moça –, está sempre dizendo que o garoto é isso, é aquilo. Fala que eu não presto por usar drogas. Queria que o filho dele se viciasse, para ele entender que viciado não é isso tudo que ele fala.

O comandante fez a secretária escrever todos os dados dos envolvidos na história, depois disse a ela:

– Tem um preço!

– Qual é?

– Necessitamos de uma pessoa para entregar na prisão telefones celulares e drogas.

– Mas se estou dormindo como vou lembrar? – perguntou a moça.

– Você será procurada por um encarnado que lhe pedirá para fazer isso. Se fizer, realizaremos sua vingança.

A moça foi levada de volta ao corpo adormecido. Com o seu perispírito de volta ao corpo, os desencarnados repetiram muitas vezes o que ela tinha de fazer e acordaram-na. Acordada, sentiu que seria vingada e que tinha de fazer algo que lhe pedissem. E ficou com uma vaga lembrança do que ocorreu. Um grupo encarnado de traficantes usava da mediunidade de uma mulher para fazer intercâmbio com o outro plano e escutar os companheiros desencarnados da cidade umbralina. Falaram dessa moça, e eles a procuraram para oferecer drogas e o trabalho de entregar objetos no presídio. Ela aceitou.

Uma equipe foi à casa do desafeto dela na tentativa de cumprir o acordo. Ninguém dessa equipe era viciado, eram trabalhadores do primeiro escalão. Como eles mesmos dizem, não se pode confiar em usuários dependentes, pois não raciocinam direito e servem somente para trabalhos braçais. O grupo enviado estudou os hábitos da família e verificou que não ia conseguir viciar o garoto. Ele não dava a impressão de se envolver com drogas. A esposa era muito religiosa e os filhos também. Suas vibrações repeliam os membros da equipe da cidade umbralina. O menino era bom, educado, prestativo e estudioso. Desistiram. Mas como a moça fez a parte dela no trato e não seria possível conseguir fazer o prometido, fizeram-na se envolver com outro homem e ela esqueceu a vingança. E, realmente, a única prejudicada foi ela, que buscou a vingança. A moça se envolveu com os traficantes – o que com certeza só lhe trouxe infortúnios.

A senhora que ajudei a trazer contou que fazia tempo era inquilina de um senhor que morava no mesmo prédio. Ela vivia da aposentadoria, e ele queria aumentar o aluguel ou iria despejá-la.

– É um direito dele querer o reajuste do aluguel – falou o comandante. – Por que a senhora não o mata?

– Não tenho como nem forças – respondeu a senhora.

– Ele tem vícios? – indagou aquele que para a senhora era o juiz.

– Bebe bastante!

– Então vamos incentivá-lo a beber mais. E quando estiver bêbado, a senhora poderá empurrá-lo da escada e roubar-lhe o dinheiro.

Ela não gostou da sugestão e ficou quieta.

Alguns encarnados gostam de ir e acabam sendo levados com freqüência à cidade umbralina. Escutam maus conselhos e, quando se dão conta, estão ligados aos membros da cidade, presos a essa organização maldosa. Reconhecerão pelo sofrimento que, quando quiseram que o próximo sofresse, fizeram muito mais mal a si mesmos.

Dois dias por semana era para atender desencarnados moradores da nossa cidade e de outros locais do umbral. A especialidade do nosso tribunal era incentivar os vícios das bebidas e tóxicos.

– Quer vingança maior que ver nossos carrascos presos a vícios? Sabemos que os toxicômanos sofrem muito e fazem sofrer. *É uma boa vingança!* – é muito ouvida essa expressão pela cidade.

E eles, os moradores, são ativos, incentivam o consumo das drogas e, se o incentivado tiver afinidades, é bem fácil. O livre-arbítrio é respeitado. Se a pessoa a quem querem atingir ora, vibra bem, é muito difícil esse acesso, é perda de tempo como se costuma dizer. Se o vingador quiser insistir, é aconselhado a procurar outras equipes vingativas em outras cidades no umbral.

Moradores do umbral, chefes, comandantes, não gostam de ociosos. Vinganças, crescimento de equipes e diversas tarefas exigem trabalho. Não tive cargos mais importantes porque não gostava muito de me dedicar ao trabalho. Fazia somente o que me cabia. O mal é ativo, e os que querem ser chefes trabalham e estudam muito.

Para tentar viciar alguém, primeiro uma equipe vai pesquisar e, se acharem que dará certo, começam o cerco, os pedidos, os incentivos para que a pessoa experimente e, se ela o faz, são levados para perto dessa pessoa desencarnados viciados desesperados para vampirizar alguém que se droga. Muitos desencarnados dependentes são usados como escravos. Como a desencarnação não os muda, sentem-se aflitos para usufruir dos tóxicos. Assim, a equipe deixa esses recém-desencarnados junto dos encarnados, que quase sempre atendem aos apelos desses viciados sem o corpo físico. Mas às vezes esses planos não dão certo; basta que o encarnado peça ajuda e, conforme o local que clama por auxílio, esses desencarnados são afastados e muitas vezes socorridos e orientados.

Mas não pensem vocês, encarnados que lêem este relato, que todos se viciam por esse motivo. Esse tipo de acontecimento representa uma pequena porcentagem. A maioria se vicia porque quer, e os motivos são muitos.

Eu não gostava de incentivar ninguém a se viciar, embora soubesse que todos nós, encarnados e desencarnados, escutamos e atendemos a quem queremos; sempre preferi fazer outras tarefas. E ainda bem que temos o nosso livre-arbítrio e somos, portanto, donos dos nossos atos. Tanto é assim que, nas cidades umbralinas, seus moradores, ao escutarem "Viciei-me porque fui obsediado", dão gargalhadas. Não é desculpa, não é aceito como justificativa. A pessoa é considerada culpada!

Nunca gostei nem gosto ainda de ouvir que tudo de ruim que acontece é obra dos maus espíritos, ainda mais quando nos chamam de demônio, diabo, capeta etc. Eu que fui morador de uma cidade na zona inferior, um trevoso ou um imprudente, como Antônio Carlos me denominou, reconheço meus erros, mas não gosto de ser responsabilizado pelos atos dos outros. Quando encarnado, fui mau e continuei sendo no plano espiritual, só que não quero ser mais. Nas cidades umbralinas, muitos gostam de escutar que tudo de ruim que acontece é por eles, dão-lhes importância maior que merecem. Encarnados fazem suas encrencas e, na hora do aperto, a culpa é de outro. Mesmo obsediado é culpado, pois se não vibrasse com afinidade não seria.

O tempo foi passando e eu fui cansando. As festas já não tinham mais graça. Comecei a sentir pena dos jovens que tinha de atormentar para usar drogas, como também não gostava de ver os castigos nas prisões. Fingia que estava tudo bem e passei a me isolar.

Comecei a pensar muito no que estava fazendo, em como estava agindo, quando ocorreu algo com um dos meus companheiros. Ele me contou sua vida e me pediu ajuda:

– Barbicha, fui traficante, desses que não mostram a cara, que é escondido da sociedade. Comandava meu pessoal no morro e nas ruas e eles não sabiam quem eu era. Hábil para os negócios, comprava armas e drogas de outros países e as revendia. Fiquei bem financeiramente. Casado, e pai de um casal de filhos, morava num belo edifício e viajava muito. Para minha esposa, eu tinha negócios de importação e exportação. Se ela desconfiava, não comentava, principalmente porque quando ela me contrariava eu era violento.

Amava demais meus filhos, dava tudo o que eles desejavam, queria que tivessem o que eu não tive. Melhores escolas, esportes, boas roupas etc. Eram lindos, sadios e tudo parecia estar bem conosco. Estavam na adolescência, o garoto com 15 anos e a menina com 13, quando fui assassinado. Quando se trafica, necessita-se estar sempre alerta, estamos sempre querendo mais: poder e dinheiro e os outros também. Minha morte foi dada por assalto.

Fui desligado – meu espírito do corpo morto – a mando do chefe desta cidade umbralina e trazido para cá. Quando encarnado, fui um colaborador fiel dele. Não gostei muito da forma de viver aqui, amava a vida no plano físico, mas não reclamei. Estava acostumado ao luxo e nunca me droguei, nem experimentei. Um traficante, para ser bom, não pode ser usuário, vive do dinheiro dos dependentes. E aqui, desencarnado, também não quis drogas. O chefe me recebeu, deu-me as boas-vindas e me falou:

– Logo você estará adaptado e será um dos meus comandantes diretos, é trabalhador e inteligente. Porém, advirto-o: não queira meu posto!

Isso, realmente, eu não almejava, não queria ser mais chefe e estava muito preocupado com minha família.

Encarnado, fui precavido, deixei muitos imóveis no nome dos filhos e da esposa. Meu negócio, tráfico, de imediato foi para o comando de outras pessoas. Logo que pude, acompanhado por outros companheiros, fui visitar minha família. Minha esposa gostava de mim, mas sentia muito medo do meu jeito de ser. Sentia-se aliviada por ter se livrado de mim e tentava organizar as finanças. Susto mesmo tive quando vi que meus dois filhos estavam se drogando. Fiquei desesperado. Pedi ajuda ao chefe e dele ouvi:

– Aqui sabemos como viciar, mas não como conter o vício. Infelizmente, não posso ajudá-lo. Faça o trabalho que lhe foi designado e em seu horário livre você poderá ir para perto deles. É somente isso que posso fazer por você.

"Três anos depois, minha esposa casou-se de novo, seu novo marido gastava muito o meu dinheiro, ou o que acumulei. Meu filho tornou-se tão dependente que desencarnou após tomar uma mistura de várias drogas. Minha filha também estava dependente, já tinha sido internada várias vezes, envolveu-se com traficantes e levou várias surras de amantes viciados. Como sou infeliz!"

Fui com ele visitar sua família encarnada. A ex-esposa estava triste pelos filhos, mas o marido tentava distraí-la e planejavam novos gastos. A filha estava internada, desesperada por usar drogas. A crise de abstinência era horrível. O filho estava completamente atordoado perto de dois jovens encarnados que se drogavam.

Pela primeira vez, senti pena de alguém, como também vi de perto um drama tão triste, um grande sofrimento causado pelos tóxicos. Chorei com esse meu amigo. Pensei por vários dias e achei uma maneira de ajudá-lo e aconselhei-o:

– Vamos levar seu filho à porta dos samaritanos.

– Quê?! Lá ele vai ser maltratado! – exclamou ele espantado.

– Acho que não! Tenho prestado atenção nesses samaritanos. Nunca vi nem soube que eles maltrataram alguém por aqui, são sempre atenciosos e educados. Já vi muitos desencarnados que conosco eram farrapos e agora são sadios e aparentam estar bem. Vamos deixá-lo à porta, tocamos a sineta e fugimos.

– Acudo meu filho e os demais? – perguntou ele.

– Sua esposa é adulta e não usa drogas, sabe o que faz. Se acabar com todo o dinheiro, azar dela. Depois, meu caro, o que adquirimos com desonestidade ou pelo sofrimento de outros não faz fartura.

– Isso é! Fui traficante, não pensei nem por um momento nos usuários e agora sei que os pais sofreram e sofrem ao ver seus filhos dependentes. Mas e minha filha? – ele indagou e suspirou tristemente.

– Ela está internada. Vamos afastar todos os desencarnados viciados de perto dela. Quem sabe, não tendo esse incentivo, ela melhora – sugeri.

Ele pensou e aceitou minha sugestão.

– Barbicha, agradeço-lhe. Vou pedir ajuda para meu filho na casa dos samaritanos[1]. Mas vou junto, não vou deixar que ele seja maltratado. Você faria mais um favor para mim? Não deixe, por favor, nenhum desencarnado viciado perto de minha filha.

– Prometo!

Pegamos o filho dele, que era uma coisa, como normalmente chamamos um desencarnado completamente dependente, que não tem vontade própria e que só quer drogas. Aproximamo-nos cautelosamente da casa dos samaritanos, tocamos a sineta. Corri, mas fiquei olhando de longe. A porta se abriu e os dois entraram. Depois fui cumprir o prometido. Não deixei nenhum desencarnado viciado aproximar-se da filha dele. Mas a garota era muito dependente e, enquanto pude vê-la, ia de internações a recaídas. Ela, apesar de jovem ainda, parecia uma velha.

Senti medo e comecei a pensar o que seria de minha vida futura. Meu companheiro teve o retorno. Os filhos dele, pessoas que ele amava demais, tomaram do seu próprio veneno.

Muitos anos depois, quando eu já estava abrigado, encontrei-me com ele, que me contou:

– Barbicha, os samaritanos foram muito bons conosco. Abrigaram-nos. Meu filho foi tratado com carinho

1. Posto de socorro no umbral. Lá existem postos de socorro para quem busca ajuda espiritual e realmente está arrependido. (Nota do Espírito Antônio Carlos)

e demorou para se recuperar mas pude ajudá-lo e também a muitos outros como ele. Trabalhando, aprendi muito. Foi com muita tristeza que compreendi minha parcela de culpa nesses sofrimentos. Minha ex-esposa e filha ficaram pobres, mas o marido da minha ex-mulher não as abandonou, vivem de maneira simples. Minha filha não se libertou do vício, tem sempre período de abstinência e outros em que se droga. A mãe cuida dela. Meu desejo é me preparar para reparar meus muitos erros, secar lágrimas, porque fiz muitos chorarem.

Na cidade, embora bem guardada, não tínhamos como impedir que os samaritanos, os socorristas, que eram chamados por nós por termos depreciativos, entrassem e tirassem de lá certos desencarnados.

"Eles são mais fortes!", pensava.

Comecei a sofrer, a sentir muita tristeza, cansaço e dores. Tinha, após as minhas tarefas, tempo livre. Resolvi visitar minha avó. Encontrei-a bem velhinha, pedindo esmolas. Por um desencarnado que ficava por ali perto de onde vovó morava, fui informado de que minha mãe sofreu muito quando desencarnou e que depois de algum tempo foi levada pelos bons e não soube mais dela.

– Você, meu camarada – disse esse desencarnado –, fazia parte do grupo do mal, desencarnou e ficou com eles. Mas os que estão viciados sofrem muito quando desencarnam. Sua mãe padeceu bastante e com certeza sofre ainda. Ninguém sabe o que acontece com os que são levados pelos bons.

– Se eles são bons, ela só pode estar melhor – falei.

– Será que não são julgados e levados ao inferno? – indagou ele.

– Estou no inferno – afirmei. – E para lá não vai ninguém levado por bons. Eles buscam os que sofrem por lá.

– Como você sabe que lá onde está é o inferno?

– Claro que é! Para onde você pensa que eu iria? Matei, roubei, estuprei, viciei jovens e nada fiz de bom. Onde estou é chamado de muitos nomes: Vale das Trevas, Era do Pó, Trevas Douradas, Lugar de Delícias, Território do Demo, inferno, umbral etc.

– Será que os bons vivem melhor quando morrem? – perguntou ele.

– Acho que sim! – exclamei.

– Por que você não vai com eles?

– Será que eles me querem? Você sabe onde encontrá-los por aqui? – perguntei. – Não queria ir a uma das casas deles no umbral, pois se o meu chefe souber, ficarei preso. Mas gostaria de conversar com um deles.

– Nas igrejas você pode encontrá-los. Vejo-os em todos os locais onde encarnados se reúnem para rezar. Naquele templo ali, de uma seita evangélica, há sempre alguns desencarnados que parecem ser bons – informou.

Eu tinha de trabalhar e voltei à cidade. Tentei não pensar, para ninguém perceber o que planejava fazer. Voltei mais tarde e fiquei na frente da igreja ou templo. Bati à porta.

– Entre! Sinta-se à vontade. O que deseja? – perguntou uma senhora desencarnada.

– Vocês vivem diferentes! São felizes? Sentem-se bem? A senhora é da equipe dos bons, que tememos?

– Somos desencarnados que tentamos fazer o bem para aprendermos a ser bons. Estamos bem, sim, somos felizes porque sentimos Deus dentro da gente e tentamos também ver Deus dentro de cada um.

– Deus dentro de vocês? Como assim? – perguntei interessado em compreender.

– Somos espíritos criados por Deus. Ele está dentro da gente. Seu amor infinito irradia-se em nós. Não existiríamos se isso não acontecesse – respondeu a senhora com delicadeza.

– Acho mesmo que Deus está com a senhora. Mas comigo não! – expressei-me falando depressa.

– Por que não? – perguntou ela.

– Só fiz maldades nessa vida – respondi desolado.

– Deus sempre está com você. Você é que anda ausente Dele. Maldade é lama que esconde Deus na gente. Livre-se dessa lama, lave-se com penitências e sentirá Deus perto de você.

Fiquei indeciso, ela colocou as mãos sobre minha cabeça e orou por mim, acompanhei sua oração.

– Venha conosco! – convidou ela.

– Não fico sem as drogas! – respondi.

– Fará um tratamento.

Aceitei o convite e me levaram para um hospital. Um local limpo, claro, com cheiro bom. Tive crises de abstinência muito dolorosas. Recebi muito carinho e aprendi a orar. A vontade de me drogar foi passando e veio o remorso.

– Matei! Roubei! Viciei pessoas! – exclamava sentido e às vezes chorando.

Trabalhadores do hospital tentavam me animar e orientar:

– Ninguém vicia ninguém, somente nós mesmos é que podemos nos prender a algo. Você incentivou, mas o incentivado tem o livre-arbítrio e, se atendeu, foi porque quis. Roubar é um ato errado, não se deve tirar objetos que pertencem a alguém. Corpos físicos são vestimentas que usamos para viver enquanto encarnados e ninguém tem o direito de se desfazer desse corpo, matando-o. Esse ato é um erro grave. Todas as vezes que somos responsáveis pelo sofrimento de alguém, criamos em nós um carma negativo. Ao matar um corpo físico, com certeza fez padecer essa pessoa, seus familiares e amigos.

– Eu não pensava nisso quando encarnado. O ato de matar não me parecia ser tão grave.

– Como não? Não era o castigo máximo que vocês usavam contra seus inimigos?

– Mata-se o corpo, mas não a alma, o espírito – disse em tom arrependido.

– Sim. Você também foi assassinado! Mas tudo passou, agora deve pensar em reparar esses erros.

Comecei a sentir muito remorso. Como essa dor era intensa! Chorava, queixava-me e lamentava-me.

– Você não pode continuar assim! – aconselhavam-me.

– Esses meus erros são lama fétida que sinto grudada em mim. Tenho de chorar. Ela não pode ser lavada pelas minhas lágrimas? – perguntei.

– Parte dessa lama já endureceu. Para desgrudá-la, será somente com um trabalho edificante. Lágrimas de sofrimentos lavam-na. Mas preferimos que comece a reparar seus erros, ajudando a outros que sofrem.

Não estava sujo. Todos me viam limpo, mas eu sentia lama dentro de mim. Fiquei com essa impressão de que meus erros eram lama e estavam no meu interior. Era sujeira de dentro, e essa sensação é ruim de sentir. Por isso me denominei na narrativa de "enlameado".

Nunca trabalhei pra valer e está sendo difícil fazer algo útil. Fui estudar e tenho tarefas para fazer que me cansam e acabo resmungando. Acho que eles, aqui neste posto de socorro, têm muita paciência comigo. Tento melhorar-me, estudar; às vezes me entristeço e a dor do remorso é forte. Tenho lutado contra a minha ociosidade, o que não é fácil. De uma coisa tenho certeza que não quero: é voltar para o umbral. Primeiro porque depois da minha traição, do meu pedido de socorro, que é por eles considerado deserção, serei tratado como escravo ou trancafiado naquelas horríveis prisões. Depois, não quero mais fazer maldades. Tenho consciência agora da enormidade dos erros que cometi. E que esses atos são meus, estão em mim como lama grudenta, de que terei de me desfazer e não quero aumentá-la.

Sou uma pessoa infeliz! Embora não esteja sofrendo por atos externos, sou infeliz, porque a felicidade ou infelicidade é algo de dentro de nós.

Envolvi-me com drogas para ter facilidades, fui traficante. Usei-as porque gostava. Como nunca me excedi, achei que não era dependente. Mas desencarnei viciado e vampirizava encarnados usuários para ter a sensação que elas me proporcionavam.

Minha maior dificuldade aqui no plano espiritual com os desencarnados bons é me empenhar no trabalho. Fui acostumado com facilidades, de que infelizmente gosto. Até na prisão, quando fui preso encarnado, não achei tão ruim, pois lá não fazia nada. Entusiasmo-me com uma tarefa, mas por poucos dias, logo demoro para realizá-la e perco o interesse. Pacientemente, os orientadores me incentivam e escolho outra tarefa. Tenho consciência de que devo me melhorar. Não quero reencarnar com o vício da ociosidade, porque com certeza procurarei facilidades e novamente correrei o risco de praticar atos ilícitos. Sem um trabalho edificante, paramos no caminho e, quando não somos úteis, acabamos por cometer erros.

Foi por eles, os tóxicos, que cometi erros terríveis. Já os amaldiçoei. Mas me foi explicado:

– Todas as matérias inertes são neutras. Exemplo: dinheiro, alimento, remédios, tóxicos. Temos o livre-arbítrio de usá-las ou delas abusá-las. Você não deve maldizê-las. Para alguém que nunca experimentou drogas, elas não lhe são prejudiciais.

Arrependo-me muito.

Meus planos para o futuro são: aprender a trabalhar e ser útil aqui na espiritualidade. Tenho muito medo de reencarnar. Temo as reações dos meus atos. Pedi para ficar na espiritualidade por mais tempo. Só que a espiritualidade, onde moram os bondosos, não pode abrigar ociosos. Mesmo sem merecer, tenho recebido muito e sou grato. Compreendo agora que Deus está em mim e sinto muita vergonha. Ainda me sinto afastado de Deus, acho que somente O sentirei quando conseguir tirar a lama de meus erros de dentro de mim.

Explicação de Antônio Carlos

Temos realmente a liberdade de fazermos o que quisermos. As leis dos encarnados, porém, existem para conter abusos, tanto que colocam infratores de suas leis em prisões. E muitas vezes, mesmo trancafiados, continuam cometendo maldades.

O fato é que, mesmo todos tendo o livre-arbítrio, não praticam todos os atos que desejam. Existem leis e pessoas que podem podá-los. Quem pratica atos errados é responsável por eles. Planta-se o que quer e colhe-se inevitavelmente o que foi plantado.

Quem causa sofrimento sofre para se equilibrar, podendo suavizar o sofrimento por uma reparação sincera fazendo o bem e amando.

O trabalho, por preencher o tempo das pessoas de modo producente, impede-as de praticar atos indevidos.

Não encontramos facilidades para viver decentemente.

Jair escolheu um caminho perigoso, viciou-se, traficou etc. Muitos, como ele, acham que esses erros grudam em si; outros sentem como se fosse lama fétida. Tudo isso é figurativo. Ações que praticamos nos pertencem, boas ou más.

Quando ele desencarnou, os umbralinos lhe deram água. Desencarnados, principalmente os recém-desencarnados, sentem muito os reflexos do corpo físico, sentem-se necessitados do que os nutria. Sabemos que no umbral existem escassos alimentos e poças-d'água. Nos agrupamentos desses moradores do umbral, há água mais limpa e eles também sabem energizá-la para dar alívio. Eles, Jair e seus companheiros, adormeceram pela ação hipnótica dos que os desligaram.

Alguns leitores poderão indagar: Jair não sofreu? As reações dos nossos erros não são imediatas. Algumas pessoas as sentem na mesma encarnação; outros, quando desencarnados, e uns em próximas encarnações. É por isso que vemos muitos sofrimentos no presente que somente podemos explicar pelo passado. Daí o medo de Jair de voltar ao plano físico.

Aqueles que ainda são rebeldes estão contra as leis da bondade, agrupam-se, organizam-se, e muitos são inteligentes e estudiosos. Nessas cidades, existe de tudo. Suas prisões são horríveis e lá sofre-se muito, os escravos também não têm vida fácil. Eles precisam de quem trabalhe para verificar se suas ordens são cumpridas.

Brigam esses moradores umbralinos entre si. Como vemos no plano físico, luta-se pelo poder e dinheiro, às vezes com discrição para não haver escândalos. No umbral há lutas e, quanto mais escândalos, mais vantagens. E todos os moradores da zona umbralina têm inimigos comuns, que deveriam ser considerados amigos, porque são realmente os únicos que têm, os socorristas, os trabalhadores do bem.

Eles se protegem entre si como podem, como conseguem. Mas sabem, principalmente os mais inteligentes, que estão à margem do caminho, que deverão voltar a caminhar para o progresso e que serão cobrados por suas ações maldosas. E alguns fazem de tudo para adiar o começo da colheita.

Somente os que perdoam podem caminhar para o progresso e aprender a amar de modo verdadeiro. A vingança é sentimento de imprudentes. Vemos nas zonas umbralinas muitas organizações que se dedicam à vingança. E eles, os vingadores, sabem que, quando conseguem viciar alguém, a vingança já está realizada. O viciado sofre e os familiares talvez mais ainda. Mas os vingadores têm conhecimento que não se pode forçar ninguém; somente conseguem viciar quem estiver a fim.

Como é importante antes do descanso físico, de dormir, orar e ter bons pensamentos, ser grato, estar bem-humorado! Teremos companhias que pensam como nós. Aquela senhora blasfemou, tinha rancor e teve encontro com desencarnados maldosos. E isso ocorre infelizmente com muitas pessoas. Esses vingadores desencarnados podem ajudar em vinganças, mas a cobrança é cara, não compensa. Se ela os tivesse atendido, matado seu locatário, iria para a prisão e eles não fariam nada por ela e, além disso, depois de desencarnada, seria tratada como assassina.

Grande imprudência é se envolver com pessoas que não têm boa índole. Outro caso de vingança que Jair narrou foi de um homem que traiu a esposa. Com certeza, ele tinha uma família unida e gostava deles. A moça clamou por vingança. Às vezes por atos assim, sofrem todos.

Infelizmente, cenas deprimentes de ver acontecem onde escorre sangue e os desencarnados sugam fluidos. Esse fato não ocorre em hospitais, postos de socorros de encarnados, onde existem socorristas que o impedem. Acontece em locais onde existem brigas com ódio. Vemos também alguns desencarnados em locais onde sacrificam animais. Se uma pessoa boa é assassinada num assalto, por balas perdidas, esses desencarnados sugadores, conhecidos entre eles por vampiros, não conseguem sugar.

Jair nos narrou algo muito certo. Nem tudo de ruim que nos acontece é devido a atitudes de outras pessoas, sejam encarnadas ou desencarnadas. Não pode haver exageros. Incauto quem não crê que energias negativas, sejam elas quais ou de quem forem, possam nos atingir, como também aquele que acha que tudo o que nos acontece é por influência alheia. Nunca se deve esquecer das reações de nossas próprias ações. E se vibrarmos no bem, nada de mal nos atingirá.

5

Queria ser boneca

Sueli

– Você é menina, não é boneca! Você come, suja e sou eu que tenho de limpar! Pare de sonhar e varra esta casa!

Os gritos de minha mãe ainda ressoam na minha cabeça quando me lembro dos acontecimentos dessa encarnação.

Eu nunca soube quem foi meu pai. Tinha dois irmãos mais velhos e, sobre nós, escutávamos sempre de mamãe:

– Deveria ter doado vocês também! Que trabalho me dão!

Um dia, quando de bom humor, mamãe me falou que teve sete filhos e que os deixou no hospital. Não sabia deles nem queria saber.

– Devem estar melhor que nós! – exclamou.

Morávamos em barracos, estávamos sempre mudando, ganhávamos às vezes cesta básica, ou seja, naquele tempo, sacos com alimentos. Num Natal, ganhei duas bonecas, uma pequena e outra grande. Foi sem dúvida minha maior alegria. Então quis ser boneca.

– Elas não apanham! Eu não bato nelas! Elas não precisam fazer o serviço de casa. Não comem nem têm fome!

Foram muitas as vezes que dormi sem ter comido nada o dia inteiro.

Quando fui à escola, gostei mesmo foi da merenda. Que gostoso! Ainda mais que não fora eu que a fizera nem lavava as louças.

Minha mãe era estranha. Até hoje não a compreendo. Ela ainda está encarnada, vive do mesmo jeito, sempre com amantes. E nem sabe que desencarnei.

Ela também foi criada como me criou, sem saber quem era o pai, com um padrasto maldoso. Saiu de casa e nunca mais viu a mãe, pois se mudou de cidade.

Com 12 anos, meu irmão mais velho saiu de casa, e o outro, aos dez anos. Ambos foram para as ruas. Às vezes, eles vinham em casa, nos traziam alimentos e roupas. Eles gostavam de mim. Meu irmão mais velho foi assassinado com 14 anos. O outro passou a fazer parte de um bando, foi preso e quando saiu da prisão tornou-se religioso, casou-se, arrumou um emprego. Visitava mamãe raramente e falava a ela de sua crença mas não conseguiu convertê-la.

Eu estava com dez anos, ia à escola, fazia todo o serviço de casa, um barraco de dois cômodos e brincava com minhas bonecas. Numa noite, um dos amantes de mamãe quis me estuprar, os dois brigaram e a polícia os levou. Fiquei com muito medo de ficar sozinha. Fui à escola para comer, estava tensa, desesperada. Mamãe voltou três dias depois toda machucada.

– Levei uma surra do bandido que quis você e outra na cadeia! – explicou.

Cuidei dela, mas estávamos com fome. Meus dois irmãos vieram nos ver e nos compraram comida. Quando eles foram embora, mamãe me disse:

– Sueli, é melhor você deixar de ser boneca.

– Sei que nunca fui! Eu como! Tenho fome! – exclamei.

– Não vou apanhar mais para defendê-la! É melhor você saber tudo o que acontece nesta vida.

E me falou de sexo. Chorei.

– Agora é com você! Aceita e ganha dinheiro ou trata de se esconder e fugir.

Arrumei um local para me esconder, atrás de um móvel e quando mamãe vinha com algum homem para casa, me escondia lá.

Tinha 12 anos quando comecei a namorar um colega de classe, de 16 anos. Tive relações sexuais com ele e com outros. Mamãe brigou comigo.

– Você tem de cobrar!

Eu não agüentava mais as brigas em casa. Uma amiga me convidou:

– Sueli, vou fugir de casa e ir para as ruas. Tenho amigos que estão bem andando pelas praças, dormindo em marquises de prédios. É aventura pura!

Com 13 anos, fugi com essa amiga, levando poucas roupas e deixei minhas bonecas.

Mamãe não me procurou, voltei para casa por duas vezes quando tinha dinheiro e lhe dei. Ela aceitou sem agradecer.

– Onde estão minhas bonecas? – quis saber.

– Dei-as! Ocupavam espaço – respondeu.

Tive vontade de chorar. Fui embora e não voltei mais para casa e não vi mais minha mãe.

O grupo de que passei a fazer parte era unido, éramos amigos, um defendia o outro. Era formado por 15 jovens (dos quais tenho muitas saudades): nove garotos e seis meninas. Para viver, pedíamos esmolas, fazíamos pequenos furtos e vendíamos drogas e passei a consumi-las.

O grupo inicial foi se modificando com o passar dos anos, um foi preso, outro foi embora da cidade, dois voltaram para casa, um morreu de *overdose*. Mas estavam sempre vindo outros.

Cheirávamos cola, fumávamos maconha; cocaína era luxo, uma festa, quando conseguíamos.

Tinha relações sexuais com todos os garotos do bando e com outros. Não menstruava com freqüência, estava anêmica e meu corpo se ressentia de tantas drogas. Com 18 anos fiquei grávida, e a turma me protegia:

– Su, coma isso!

– Su, durma aqui, é mais protegido.

– O que você, Sueli, vai fazer com o nenê? – perguntou uma amiga.

– Não sei – respondi –, o nenê não será uma boneca, não é? Minhas bonecas não reclamavam, não se alimentavam, dormiam por dias se eu assim quisesse. Bebê chora, vai querer mamar, precisará de roupas.

– Não é bom você, grávida, usar tóxicos. Prejudica o nenê – opinou uma das garotas.

– Como vou driblar a fome? – indaguei.

– Nós vamos ajudá-la – afirmaram as meninas.

Mas não era somente pela fome e frio que usava drogas. Compreendi que estava completamente viciada. O grupo me alimentava, me agasalhava, mas não parei de consumi-las.

Sempre culpava minha mãe por estar nas ruas e pela infelicidade dos meus irmãos, um preso e o outro morto.

"O que será dos outros meus irmãos que foram doados?", pensava. "Talvez eles estejam melhor. Devem ter lar e recebido boa educação. Culpei tanto minha mãe e estou fazendo pior que ela! Mamãe pelo menos não usava drogas, somente bebia de vez em quando. Ela deu os filhos e quero fazer o mesmo com este que espero."

Conversei com os amigos e decidi:

– Vamos doar nosso bebê!

"Nosso" porque ninguém sabia quem era o pai, e as meninas sentiam-se um pouco mães também.

Quando comecei a sentir as dores do parto, eles me deixaram sozinha e uma das meninas chamou a polícia. Fiquei só para eles não correrem o risco de serem presos. Uma viatura policial veio e os policiais, ao constatarem que eu ia ter o nenê, me levaram para um hospital. Sofri muito por causa da falta das drogas e das dores.

– Vou deixar o nenê para ser adotado – informei à médica que me atendia.

– Você, minha filha – disse a médica carinhosamente –, abusou muito durante a gravidez, por isso seu nenê é muito pequenino e não sei se irá sobreviver. Tudo bem, ele fica conosco. A criança terá de ficar mesmo muitos dias no hospital, senão morre.

Não o vi nem fiquei sabendo o sexo e se sobreviveu. Escutei somente seu choro fraquinho.

Fiquei no hospital me recuperando depois do parto, estava desesperada para usar drogas. Uma das minhas amigas veio me ver e trouxe escondido um pouquinho de cocaína, que cheirei e me senti aliviada.

A médica atenciosa cuidou de mim, precisei de sangue, além de soro e muitos remédios. Não se comentou o que ocorreu com meu nenê, eu não quis saber.

– Você não quer ir, Sueli, para um abrigo? Para um local onde poderá se tratar? – perguntou a médica, solícita.

– Não, senhora. Tenho onde morar e muitos amigos – respondi.

– Cuide-se, então, garota. Você é jovem, bonita e não fique grávida novamente.

– Não sei como fiquei! Quase não tenho menstruação!

– Use preservativos! Pense no que lhe ofereci, faça um tratamento para se desintoxicar.

Ela deu-me muitos conselhos.

Fui tratada muito bem no hospital, por isso fui educada. Eu era agressiva, briguenta, sabia ser indelicada e meu vocabulário era rude e grosseiro.

Duas do grupo já haviam ficado grávidas, uma teve um aborto espontâneo e a outra doou o nenê. Resolvemos usar preservativo, camisinha. Mas nem sempre isso ocorria. Minha vida, ou melhor, nossa, era uma confusão. Íamos de um local a outro da cidade, pedíamos esmolas, roubávamos, brigávamos com outros grupos, fugíamos da polícia, comprávamos, vendíamos e consumíamos drogas.

Nunca fui presa nem me apaixonei, mas tive amizades.

Descobrimos o *crack* e nos viciamos, tornamo-nos totalmente dependentes. Nessa época, passamos por muitas dificuldades, dois morreram, um assassinado e outro de tantas drogas. Estávamos fracos e perturbados. Nosso grupo foi se reduzindo, éramos somente cinco, duas garotas, dois rapazes e eu.

Notei que meu ventre crescia e que estava grávida de novo.

O *crack* é terrível, não lhe permite raciocinar mais. Continuei sem me importar com a gravidez, somente pensava em me drogar.

– Dôo este também! Deixo-o no hospital! – afirmei.

Naquela noite estava fazendo muito frio. O efeito da droga estava passando, quando acordei com dores e sangrando. Meus amigos telefonaram para os hospitais; como demoravam a chegar e eu perdendo muito sangue, telefonaram para a polícia. Ao me ver, um policial chamou a ambulância, que veio rapidamente.

O hospital estava lotado, mas um médico logo veio me ver e após me examinar me encaminhou para a emergência.

– Você, garota, está tendo um aborto! Seu nenê está morto!

Senti-me confusa. Eles tentaram me socorrer.

– É uma usuária de drogas! E o *crack* a está matando. Contivemos a hemorragia, mas ela está muito fraca e com pneumonia. Não sei se conseguiremos salvá-la – escutei o médico falar com as enfermeiras.

Injeções, soro, aparelho para respirar. Nada! Desencarnei!

Muito estranho. Fiquei mais confusa ainda. O médico desligou os aparelhos e me levaram para outro local.

– Vamos colocá-la no gavetão. Talvez alguém venha buscá-la. Os policiais avisarão os amigos. Se não vierem buscá-la, irão enterrá-la como indigente. Ela é tão nova! Que pena!

Eu tinha 26 anos. E sabia que meus amigos não viriam me buscar. O que fazer com um cadáver? Quando nos avisavam que um de nós morrera, somente comentávamos:

– Que a terra lhe seja leve!

Alguém, não sei quem, me puxou. Não distingui quem era, pois somente via duas pessoas que conversavam. Vi então meu corpo ser colocado numa gaveta. Senti que esse ser que eu não via me pegou pelo braço e me conduziu para fora do hospital.

Andando com dificuldades, fui para perto dos meus amigos. Naquela hora do dia, costumávamos ficar numa praça, mas à noite íamos para um prédio abandonado, fui para lá, queria descansar.

Sentei num canto e esperei. Chegavam à noitinha. Estavam tristes.

– Su faz falta!

– Estamos morrendo!

– O que fazer?

Fumaram *crack* para dormir e senti como se estivesse fumando. Senti-me melhor com a droga.

Dois amigos que já haviam falecido aproximaram-se do grupo. Assustei-me. Um deles falou:

– Oi, Sueli! Não se assuste!

– Vocês não morreram?! – indaguei.

– Morremos e você também! Mas não se apavore, nada mudou. Vamos ficar unidos! Protegeremos você.

Fiquei ali com eles, os dois amigos desencarnados me ajudaram, me ensinaram a sugar os fluidos e eu continuei muito drogada. Passaram-se dois meses, os dois garotos encarnados foram assassinados e só restaram as duas meninas, que foram ficar com outro grupo. Nós, os desencarnados, fomos juntos, mas o outro grupo já tinha muitos desencarnados perto deles e não nos aceitaram. Voltamos à praça.

– Vejam aqueles garotos encarnados – falou apontando um dos meus amigos. – Não são da rua, têm casa, família, estudam, são limpos, mas usam drogas. Vamos ficar com eles!

Ficamos com eles. Cada um escolheu um usuário encarnado para ficar perto. Fiquei com uma garota de 17 anos. Usou cocaína. Gostei. Eles não usavam *crack*, diziam que essa droga estava matando seus usuários.

Acompanhei-a, fui para a casa dela. Gostei. O apartamento em que a garota morava para mim era luxuoso, mas era de classe média. Tinha um quarto somente para ela, pais que não a xingavam, que gostavam dela e se preocupavam com ela. A garota tinha os alimentos que queria, estudava, tudo certinho. Não compreendi o porquê de ela estar se envolvendo com tóxicos. Tinha de tudo, era feliz. Embora confusa, gostei e resolvi ficar com a menina e residir naquele lar. Sugava seus fluidos, energias e passei a incomodá-la. Queria drogas e falava ao seu ouvido, ela não me escutava, mas ficou perturbada. Eu lhe dizia repetindo a todo instante:

– Vá se drogar! Tome uma dose! Fume! Beba! Cheire!

A garota ficou inquieta, desesperada. Acabou comprando mais drogas e as usou e eu me deliciei. Se eu estava bem com ela, a garota não. Sentindo-se infeliz, com medo, resolveu pedir ajuda. Chamou os pais para uma conversa. Fiquei escutando sem entender direito.

– Papai, mamãe – falou ela chorando –, estou com um problemão. Quero primeiro que me perdoem e que me ajudem! Estou usando drogas! Comecei por brincadeira, para acompanhar uns amigos. Era somente um cigarrinho de maconha, uma cheirada de cocaína, algo leve e somente de vez em quando. Tinha certeza de que não me viciaria. Mas ultimamente comecei a ficar desesperada para consumi-las. É estranho! Quero e não quero! Ajudem-me!

Choros. Abraçaram-na.

– Vamos ajudá-la, minha filha – disse o pai. – Mas que imprudência você se envolver com tóxicos. Conversamos tanto sobre isso com você.

– Não tenha medo, filhinha, vamos socorrê-la! – falou a mãe com carinho.

A mãe da garota telefonou e, pelo que pude escutar, foi para a avó da menina. Contou depressa tudo o que escutaram da filha e finalizou com:

– Vamos!

Logo uma senhora de aspecto bondoso, a avó, chegou ao apartamento, abraçou a garota e não consegui ficar mais ao lado dela.

– Minha neta – falou a senhora –, logo mais teremos no centro espírita que freqüento uma sessão de auxílio. Você irá tomar passes e com certeza vai se sentir melhor.

– Amanhã vamos marcar consultas – falou o pai determinado. – Vamos cuidar de você, minha filha. Sua mãe irá levá-la à escola e buscá-la; por enquanto, não sairá sozinha, estaremos por perto. Fará um tratamento espiritual e também com médicos, psicólogos e faremos de tudo para tirá-la dessa.

A menina chorava.

Eu, inquieta, queria drogas.

"Acho que vou ter de me mandar, sair daqui!", pensei. "Vou voltar à praça e esperar por outro usuário. Essa está se complicando."

Quando ia sair, ouvi alguém dirigir-se a mim:

– Venha conosco, terá o que precisa!

Fiquei sem saber quem falou e pensei concluindo:

"Bem, se eles vão me dar o que preciso, é melhor eu ir, estou ficando desesperada e preciso ficar perto de alguém que se droga."

E fui, acomodei-me no carro perto da avó. Quando o veículo parou, fui levada, não sei como, para um local. Confusa e com muita vontade de usufruir a droga, fiquei parada olhando. Percebi que estava numa sala com várias pessoas. Encarnados leram algo que não entendi, falaram e oraram. A menina entrou em outra sala, pessoas estenderam as mãos sobre ela e uns fios que nos ligavam sumiram. Senti-me sozinha. Não achava mais a menina.

Aflita, ansiosa, fui levada para outro local, para um quarto limpo, cheiroso e sobre uma mesinha havia frutas e água.

Eu estava muito desesperada. Um senhor desencarnado me aplicou um remédio, achei que era injeção, mas ele me deu um passe e dormi.

Acordei confusa, num local ou numa sala, onde havia uma mesa grande e várias cadeiras ocupadas com encarnados que oravam.

Eu sabia diferenciar encarnados de desencarnados, e naquela sala havia ambos. Tinha conhecimento de que, embora meu corpo físico tivesse morrido, continuava viva usando outro corpo que se chamava perispírito, conforme aqueles dois amigos desencarnados me explicaram.

"Todos estamos vivos e cada um de um jeito", pensei.

Senti medo e observei tudo. Espantei-me quando vi os encarnados conversando com os desencarnados e que alguns destes tinham aspecto sadio, bondoso e pareciam estar trabalhando – e de fato estavam. E esses bondosos traziam para perto dos encarnado outros desencarnados que, como eu, estavam enfermos e necessitados de apoio. Uns fios ligavam os desencarnados enfermos aos encarnados quando estes eram convidados a falar. Incrível! Os necessitados falavam e os que estavam sentados repetiam.

Queria drogas e foi o que pedi quando me convidaram a falar.

– Por favor moço, quero uma dose! Qualquer uma serve! – roguei.

Falaram de Jesus. Eu não conseguia entender nem queria ouvir. Quem era ele, Jesus, para mim? Infelizmente, nada, não o conhecia. Sabia que havia igrejas, em que pessoas rezavam. Nunca orei, não sabia orar. Fui me desesperando.

– Quero, quero e quero!

Gritei, mas a senhora encarnada repetiu sem alterar a voz.

– Calma! – pediu um homem encarnado. – Você se lembra de quando era criança? De quando você ainda não usava drogas?

Lembrava, estava morando com amigos nas ruas e abusando do sexo.

– Recorde-se de antes, de você brincando! Vamos! – pediu o senhor.

– Queria ser boneca! Elas não passam fome! Eu não bato nelas! – exclamei.

Lembrei que estava abraçada às minhas bonecas, com o rosto ardendo porque mamãe me batera. Lágrimas quentes escorriam pelo meu rosto dolorido.

Não sei como, as duas bonecas apareceram nos meus braços. Que sensação estranha! Senti-me encolher, modificar, algo dentro de mim mudar sem a minha participação. Sem dor, me senti menina. Olhei-me – primeiro para os meus pés – vi-os pequenos e descalços, fui subindo o olhar, as perninhas, meu colo, braços, mãos, era eu a menininha de antigamente. Embora tudo para mim fosse como uma mágica incrível, não senti medo, mas sim segurança, porque tanto o encarnado que falava comigo como a senhora e o senhor desencarnados que estavam ao meu lado fitavam-me com amor. Senti esse sentimento deles, o que me deu conforto e tranqüilidade.

O senhor que estava ao meu lado passou a mão no meu rosto e este não ardeu mais. Senti-me calma, e a vontade de me drogar passou. Fiquei balançando meu corpo com uma boneca em cada braço. A senhora encarnada que repetia o que eu falava também balançava seu corpo.

Não esqueci o que aconteceu comigo, que fora adulta e drogada. Era tão prazeroso estar ali com amigos e não sentir falta dos tóxicos que fiquei tranqüila e dócil. Afastaram-me da senhora encarnada; nem agradeci. Senti-me feliz como nunca havia sentido. Com carinho, a senhora que estivera ao meu lado me encaminhou para um veículo[1], que para mim parecia ser um ônibus. Acomodou-me num banco com as minhas duas bonecas, que estavam limpas e bonitas.

– Quero ser boneca! – exclamei.

– Você é uma menina linda que tem duas bonecas. Sou tia Leonor e vou cuidar de você.

Dormi nos braços dessa senhora. Acordei num leito, numa enfermaria com muitas camas. Tia Leonor estava ao meu lado.

– Bom dia, Sueli!

Lembrei-me de tudo. Observei-me, continuava menina. Suspirei aliviada. Chorei. Tia Leonor me consolou passando as mãos pelos meus cabelos limpos. Acho que nunca os tive tão limpos.

– Estou estranhando! – exclamei. – Mas quero ficar assim. Não me sinto mais desesperada nem com vontade

1. Ela refere-se aqui ao aeróbus, carro aéreo utilizado pelos socorristas para transportar os desencarnados que ainda não sabem volitar. (Nota do Espírito Antônio Carlos)

de me drogar. É um alívio! Uma graça! É terrível sentir falta delas! O que acontecerá comigo?

– Você fará um longo tratamento – respondeu tia Leonor.

Olhei com carinho minhas bonecas ao lado da minha cama e indaguei:

– Não posso ser boneca, não é?

– Não! Você é um ser humano!

E o tratamento foi longo. Lembrava-me de tudo o que acontecera comigo e tinha saudades dos meus amigos. Compreendi que numa sessão de desobsessão recebi orientação, modificaram meu perispírito para que me sentisse como antes de começar a fazer uso dos tóxicos, para não ficar desesperada por sua falta[2].

Fui evangelizada. Aprendi aos poucos os ensinamentos de Jesus, a orar, a entender o que é Deus. Minhas bonecas passaram a ficar no armário, pegava-as quando ia dormir.

Aos poucos, fui crescendo novamente até que fiquei com a idade de 26 anos. Não a que aparentava quando desencarnei, porque pelo modo de vida que tive, era difícil determinar minha idade... magra, cabelos sempre muito curtos, olhos grandes que estavam sempre irritados e vermelhos e pele envelhecida.

2. No livro *O vôo da gaivota*, editado pela Petit Editora, a autora espiritual Patrícia descreve com detalhes, no capítulo "Recuperação dos socorridos", uma doutrinação semelhante à de Sueli, em que o espírito é induzido a voltar ao tempo em que era são, modificando assim seu perispírito. (Nota do Editor)

Estava tendo acompanhamento psicológico, terapêutico e orava muito e foram poucas as vezes que senti falta das drogas.

Quando me recuperei, saí do hospital, fui estudar e passei a morar na escola como também a fazer pequenas tarefas. Tive então uma existência que desconhecia, de respeito, carinho, tratada com delicadeza e educação.

– Que encarnação complicada a minha! Por que será que não tive um lar estruturado? Por que será que minha mãe não me doou e não tive uma família? Por quê e por quê? – indagava sempre.

– Sueli – explicou uma orientadora – com certeza essas perguntas poderiam ser respondidas, mas não é o seu caso ainda. O que passou, passou. Viva o presente. Dê valor ao agora, ao que recebe. Você já aprendeu que as reações que recebemos são pelas nossas próprias ações.

– Talvez tenha tido um lar em existências passadas e não dei valor ou acabei com ele – falei.

– O que você fez, minha querida, ou o que pensa que fez no seu passado não o muda. Por que você não planeja o futuro?

Não falei mais do passado e tentei não recordar mais essa minha última passagem pelo plano físico. Talvez um dia o faça, mas não agora neste período em que estou na espiritualidade. Com certeza, sofri o que mereci, só que não agi corretamente. Mas uma coisa aprendi: a dar valor à família, a um lar.

Eu soube que meu primeiro nenê não resistiu e morreu e que meus amigos todos desencarnaram. Usuários de drogas, principalmente os que moram nas ruas, não têm vida longa encarnada. Uns foram socorridos e fazem tratamentos, outros ainda vagam. Visitei os que estão abrigados e recebi-os no meu quarto. Confortamo-nos, animamo-nos e juntos prometemos não usar mais tóxicos. Gosto muito deles.

Usei drogas no início porque meus amigos o faziam; dava desculpas de que era para amenizar fome e frio. Mas gostava. Arrependi-me, e muito! Como minha vida teria sido diferente se não tivesse me viciado!

Planejo o futuro. Primeiro vou terminar meus estudos e então, depois de trabalhar por três anos num posto de socorro, reencarnarei. Desta vez numa família estruturada em que com certeza serei tratada como uma boneca. Para meus pais, será uma alegria alimentar-me, banhar-me e cuidarão de mim com carinho. Oro muito para isso acontecer.

E agora que sei quem é Jesus, amo-o muito e quero amá-lo para sempre.

Explicação de Antônio Carlos

Com certeza, muitos leitores indagarão: Sueli teria como agir diferente? Teve escolha? Sim, ela poderia ter agido diferente. Quando tive conhecimento da história de nossa convidada, pesquisei e descobri que muitas pessoas que estão morando nas ruas e que são usuárias de drogas e de bebidas alcoólicas não tiveram lares estruturados. Mas que uma boa porcentagem vive assim por diversos motivos. A maioria gosta ou pelo menos não quer trabalhar para ter uma vida melhor nem quer ou tem força de vontade para largar o vício. É um problema social, com certeza. Grande parte dessas dificuldades poderia ser resolvida com um bom programa de auxílio. A pesquisa continua: muitos jovens que tiveram problemas parecidos com os de Sueli conseguiram viver com honestidade e longe dos tóxicos. Ela poderia ter continuado a estudar, arrumado um emprego, procurado ajuda na comunidade.

Trazemos, ao reencarnar, tendências. Precisamos ficar alertas e nos esforçar para vencê-las quando elas forem ruins. Sueli não conseguiu resistir principalmente às suas más tendências em relação ao sexo.

Realmente, é um costume errôneo nosso de estar sempre culpando alguém pelo que nos acontece de ruim, como Sueli fez com sua mãe.

Não foi fácil para a narradora vivenciar essa encarnação. Logo depois da morte de seu corpo, foi socorrida e desligada da matéria.

A quem muito foi dado, muito será pedido. Aquele que sabe e não faz a vontade do Senhor será digno de muitos açoites, disse Jesus. Sueli não conheceu religião nenhuma. Não teve conhecimento de bons conceitos, mas poderia ter sido religiosa; templos, igrejas estão abertos a todos.

E como lhe foi dito: existem reações para ações. É a lei do retorno. O que ela fez no passado, em outras existências no plano físico? Não teve, como não tem estrutura para saber. Recordar o passado é para quem precisa desse conhecimento, por motivos diversos, ou para o espírito que já sabe controlar suas emoções. No caso dessa convidada, ela com certeza iria se perturbar muito conhecendo o que plantou. Embora tenha errado – foi promíscua sexualmente e abusou do corpo físico envenenando-o com tóxicos –, ela aprendeu o que é ter a bênção de um lar onde pessoas se respeitam e há o amor de pais. E, de fato, ela reencarnará em um lar estruturado e com certeza também não se envolverá com drogas, porque sofreu muito pelo vício.

Vimos nesta narrativa o perigo de ficar a fim de algo prejudicial, como ocorreu com a garota que Sueli obsediou. Temos visto usuários encarnados quase sempre acompanhados por desencarnados que querem continuar a usufruir de seu vício.

Essa garota obsediada por Sueli agiu certo pedindo ajuda. E os pais são na maioria das vezes os mais indicados para ajudar. E, por sorte, a avó sendo espírita as levou para um auxílio. Mesmo tirando Sueli de perto da garota, esta precisou fazer um tratamento para seu físico, pois tóxico vicia.

Fios que a nossa narradora viu: quando Sueli ficou com a garota, mesmo sem saber, ligou-se a ela – daí os fios que as ligaram. Foi necessário retirar esses vínculos. Vemos sempre isso ocorrer nas salas de passes. No entanto, se não houver um tratamento contínuo, essas ligações podem se refazer.

Sueli ficou no posto de socorro do centro espírita. Adormeceram-na até a sessão seguinte de orientação que aconteceria nessa casa de auxílio.

O livro Libertação[3]*, escrito por André Luiz e psicografado por Francisco Cândido Xavier, narra um julgamento realizado numa cidade do umbral, onde o juiz impiedoso julgava os imprudentes que, quando encarnados, procederam errado e, por afinidades, ao desencarnarem foram para lá. Ele dizia: "Você é loba! Não passa de uma loba!" e a desencarnada ficou com as feições parecidas com a do animal citado. O perispírito é modificado. Modifica-o quem sabe, bons ou maus. E quem sabe pode fazer isso com os outros, dependendo de dois fatores: ter poder mental e o outro aceitar. A culpa e o remorso são fatores de aceitação. Desencarnados bons, que trabalham visando suavizar dores, dispõem desse recurso para auxiliar. E, em sessões de desobsessões, esse processo tem dado muito resultado por ser fácil e simples, principalmente para desencarnados desesperados e extremamente perturbados e toxicômanos.*

Quando o doutrinador encarnado percebe que após conversar com o desencarnado perturbado este não consegue entender nada do que está ouvindo, e sentindo que os trabalhadores desencarnados da casa podem ajudá-lo

3. *Libertação*, do Espírito André Luiz, psicografado por Francisco Cândido Xavier, foi editado pela Federação Espírita Brasileira. O capítulo citado é o V: Operações seletivas. (Nota da Médium)

nesse processo, é só induzi-lo a pensar em como era antes do ocorrido que o deixou tão perturbado. Esse processo necessita de muita energia, mas normalmente se consegue resultado. Quando o orientado pensa, começa a se sentir como pensa, então seu perispírito se modifica. Alguns chegam até a esquecer o que lhe ocorreu, contudo a maioria lembra mas não sente o desespero que o fazia ficar alienado.

Como vimos, bastou Sueli pensar na sua infância para que encarnados e desencarnados, juntos, a induzissem a reviver o período da infância de sua última encarnação. Embora não esquecesse de nada – aliás recordou com mais nitidez tudo o que lhe aconteceu –, ela se sente menina. As bonecas foram plasmadas para confortá-la.

Admiro muito esse trabalho de ajuda! Embora o tratamento continue em hospitais no plano espiritual, é o primeiro passo para um socorro seguro.

Voltando ao livro Libertação, *esses desencarnados imprudentes, que foram julgados e transformados, quando estão aptos a serem socorridos, quando se arrependeram, perdoaram, pediram perdão e querem se melhorar moralmente, são submetidos pelos socorristas ao mesmo poder hipnótico que os faz voltar a ser como antes. E, com certeza, essas transformações ocorrem com mais facilidade em sessões de desobsessões, de orientações que se realizam em centros espíritas, pelas energias doadas pelos encarnados.*

Bendito seja o trabalho produtivo!

6

O indesculpável

Valdir

Cenas familiares vêm à mente:

– Rápido! Você está atrasado!

– Leve um agasalho, pode esfriar!

– Você se alimentou? Coma mais, meu filho. Poderá ficar com fome.

– Valdir, cuidado nas estradas! Dirija devagar!

Nunca pensei que frases assim fossem tão importantes para mim. Achava que era excesso de preocupação de mamãe. Mas quando não as ouvi mais, senti que nada era excesso, era amor, cuidado e carinho.

Quando queremos, achamos desculpas, justificativas até para o indesculpável. É bem mais fácil tentar nos isentarmos da culpa achando que outros nos levaram a errar. Mas nossos atos nos pertencem. Se o livre-arbítrio nos dá liberdade de agirmos, a Lei de Ação e Reação nos cobrará o mal que praticarmos. E que realidade triste! Compreendemos que erramos mesmo!

Minha irmãzinha mais velha desencarnou por um acidente com dois anos. Não a conheci, a não ser por fotos. Ela reencarnou, voltou depois à família como minha irmã mais nova.

Cresci ouvindo meus pais falarem dela. Foi um golpe para eles, que sofreram muito. Sempre em datas especiais, ela era lembrada com carinho e também com tristeza. Mamãe chorava escondido; eu tentava consolá-la com abraços e beijos, e conseguia.

Essa era uma das minhas desculpas: ver mamãe sempre triste.

Meu pai era, é, bom profissional, tem orgulho do que faz. Achava-o, às vezes, arrogante, grosseiro e que não tinha piedade de algumas pessoas, pois não aceitava fracassos. Meu pai queria que eu tivesse a mesma profissão e que fosse competente tanto ou mais que ele, e me cobrava. Era a minha segunda desculpa.

Tive de tudo o que queria materialmente, e afeto nunca me faltou. Não era exigente no que queria e não me lembro de ter desejado nada que fosse impossível, e o que quis tive de imediato.

Eu pertencia à classe média alta, estudei nas melhores escolas. E foi no cursinho em que me preparava para entrar na universidade que, um dia, ao sair com amigos que estudavam comigo, foi-me oferecido:

– Valdir, fume este cigarro!

– Para que e por que devo fumar? – perguntei rindo.

– Ora, para experimentar! Fumo desde os 15 anos, não me viciei e com certeza não ficarei dependente. Fumo somente aos sábados. Se você não experimentar, nunca saberá como é seu efeito!

Eu sabia muito bem o que era tóxico. Meus pais, principalmente meu pai, conversavam sempre comigo sobre drogas. Já tinha lido muito sobre esse assunto.

– Não quero, obrigado! – respondi.

Ele não insistiu. Fumaram. Vi-os alegres e senti-me deslocado entre eles. Resolvi não sair mais com essa turma. Mas acabei saindo, e uma garota que fumava também se interessou por mim, fiquei com ela. Depois de um mês juntos, acabei por fumar um cigarro de maconha. Achava-me seguro, confiava em mim e decidi que fumaria somente alguns cigarros. Gostei. Sabia também que iria gostar. Meu pai havia me alertado:

– Valdir, se as drogas não dessem nenhum prazer, ninguém iria usá-las. O perigo está aí! As drogas são perigosas! Dão prazer, alegria, mas são falsas, porque seus efeitos são passageiros. É como tudo na vida: tem seu lado positivo e negativo. O tóxico mostra primeiro o prazer; depois, como um monstro, mostra as garras do terror, do viciado que se torna um ser preso a elas.

Como sempre, o adolescente acha que os pais exageram. Quando comecei a sentir vontade de fumar, fiquei com medo, afastei-me da garota e dessa turma. Senti falta da maconha, esforcei-me e não fumei mais e passei a estudar muito.

Passei no vestibular, ganhei um carro 0 km, lindo e muito caro. Tirei, quando fiz 18 anos, a carteira de habilitação.

Separado dos amigos do cursinho, nem lembrava mais das drogas.

No terceiro ano do curso, percebi que não era aquilo que queria fazer. Não queria seguir a carreira do meu pai. Complicou-se para mim. Meu pai orgulhava-se de mim e estava sempre dizendo:

– Valdir, você trabalhará comigo! Será, no começo, meu assistente, vou prepará-lo para ficar no meu lugar.

Eu não tinha coragem de lhe dizer que não queria nada daquilo. Gostaria de estudar algo mais tranqüilo, fazer carreira na área de exatas.

Confuso, inseguro, cheguei a comentar com mamãe:

– Mãe, o que aconteceria se eu parasse com o curso que faço e fosse estudar algo diferente?

– Com certeza seu pai morreria de desgosto! Você está brincando, não é? Já sofremos muito para você nos dar esse desgosto. Você cursando esse curso deu tantas alegrias para seu pai!

Desisti de falar com eles, de mudar de curso, mas fiquei triste, na época me senti infeliz.

Uma noite, vi próximo a um bar um garoto vendendo drogas. Não sei bem por que, parei e comprei. Dei como justificativa, desculpa, que meus pais me obrigavam a fazer o que eu não queria. Estava inseguro. Segurando firme os cinco cigarros de maconha, entrei no meu carro e fumei-os, um atrás do outro. Enquanto fumava, senti-me livre, mas depois um mal-estar me incomodou.

Que insegurança! Compreendo agora que, embora meus pais pudessem se decepcionar comigo, acabariam por entender, pois queriam me ver feliz e eu teria largado o curso e iria estudar o que achava que queria, não sabia nem o que queria realmente. Meus pais achavam que eu estava contente, estudando algo de que gostava, que escolhera.

Passei com freqüência a fumar maconha. Descobri que alguns amigos do curso também fumavam e me enturmei com eles.

Saía com garotas, mas não queria namorar firme e meus pais achavam certo. Tinha mesmo de me dedicar aos estudos e aproveitar a vida, viajar e passear.

Numa viagem nas férias que fiz na companhia da turma com a qual fumava, conheci a cocaína. Sabia que estava viciado e procurei me organizar. Fumava ou cheirava em dias certos e em quantidades pequenas.

Formei-me, não fui um aluno brilhante, mas consegui notas para terminar o curso. Fui trabalhar com papai. Logo ele percebeu que eu não era o que ele esperava que fosse. Nessa época, minha irmã namorava um rapaz que trabalhava conosco. Ele sim era brilhante e esperto.

Vi tristeza e decepção nos olhos de papai. Esforcei-me e tentei me dedicar ao trabalho, mas era forçado. Meu pai e meu cunhado estavam sempre me protegendo, fazendo as tarefas do trabalho mais difíceis para mim.

Tive até vontade de me tratar, dizer que ia viajar e me internar numa clínica. Mas, fraco e inseguro, tive medo de que descobrissem que eu era toxicômano e não o fiz.

Não queria que me vissem na cidade em que morávamos comprando drogas. Pelo trabalho, tínhamos de viajar sempre. Pedi ao papai:

– Deixe que eu viaje!

– Mas esse serviço pode ser feito por um empregado!

– Gosto de viajar! Depois é mais seguro eu fazer esse trabalho! – insisti.

– Espero, filho, que você se dedique mais ao trabalho! Está bem, se você quer fazer, que o faça! – concordou papai suspirando.

Assim, passei a viajar mais, a ir a uma cidade maior e logo arrumei um fornecedor que me vendia drogas de qualidade. Guardava-as no meu quarto em dois esconderijos em que nem mamãe nem a empregada achariam.

Usava-as em casa quando ninguém estava ou no meu carro. Disfarçava bem. Mesmo com vontade de usar mais, tinha controle para dias certos.

Encontrei dois amigos do cursinho, com os quais fumava. Eles não ficaram viciados e não usavam mais drogas. Contaram-me que a garota com quem namorei necessitou fazer um tratamento para largar o vício. Eu disse a eles que nunca mais tinha usado drogas.

"Eles não se viciaram, por que será que me viciei?", pensei aborrecido.

Numa dessas viagens, como fazia sempre, fui ao local comprar droga. Meu fornecedor, ao me ver, foi pegá-la para mim.

Esse local era no subúrbio, lugar considerado perigoso. Fui muito imprudente. Carro luxuoso, vestindo roupas caras e lá parado esperando.

– É um assalto! Passe a grana!

Achei que era brincadeira do meu fornecedor, ri e me abaixei para pegar o envelope com o dinheiro e levei dois tiros à queima-roupa no peito.

Tonto, olhei para quem atirou, era um jovem mulato que me olhava. Vi-o pegar o envelope e dar uma vasculhada no carro.

– O que você fez? – escutei a voz do meu fornecedor gritando. – Ele é meu cliente!

O garoto correu. O fornecedor percebeu que estava numa enrascada e agiu rápido. Com a ajuda de dois de seus comparsas, colocou-me no maleiro. Ouvi-os revirando o carro e antes de fechar o porta-malas me tiraram o relógio, o anel, a correntinha de ouro. Depois senti que rodaram alguns metros e ouvi-os:

– Vamos atrás daquele safado! Matou uma das minhas galinhas dos ovos de ouro! É um abuso! Vou matá-lo!

Ao receber os tiros, senti um ardor forte como se um fogo me queimasse, o sangue escorrendo e molhando as roupas. No porta-malas senti-me sufocado e com muitas dores. Não conseguia falar para pedir socorro.

"Como podem me deixar vivo aqui? Por que não chamaram uma ambulância?"

Perdia os sentidos, acordava e ali estava. Foi muito triste, confuso!

Orei. Não éramos muito religiosos, mas quando criança ia à igreja e aprendi a orar. Rezei muito! Além da dor, comecei a sentir sede, fome, incômodo de estar preso e falta dos tóxicos.

Acordei com alguém abrindo o porta-malas.

– Está morto! Dois tiros no peito!

Eram policiais que me viraram examinando.

– Aqui estão os documentos dele: Valdir...

– Vamos avisar a delegacia. O sujeito deve ter sido assaltado, mataram-no, apavoraram-se e o deixaram no carro – ouvi outro policial falar.

"Morto?! Morto como? Me mataram! Ai, meu Deus!", pensei apavorado.

Chorei e gritei e ouvi gargalhadas.

– O mocinho, o filhinho de papai está apavorado!

Olhei para quem falou e vi pessoas diferentes dos policiais, pareciam flutuar, eram seres estranhos.

– Venha conosco! – falou alguém desse grupo.

Puxaram-me e eu saí. Olhei e me vi ainda no porta-malas.

– Pode falar, cara! – disse quem me puxou.

– Não estou entendendo nada! Não é efeito das drogas, não as usei. Que acontece?

– Você morreu! Alguém lhe deu dois tiros. Observe seu peito.

Dei uma rápida olhada, vi meu corpo e os ferimentos no peito. Roguei a eles:

– Por favor, me levem daqui, me levem para casa. Pago-os bem!

– Sei que tinha dinheiro! – respondeu um dos seres estranhos. – Detesto os que tinham ou que têm e não dão valor. Você tinha tudo, por que usou drogas? Quando se morre por imprudência é tachado por aqui de suicida! Você foi um imbecil! Agora, cara, digo-lhe com desprezo que você não tem mais nada! Tinha é o termo certo – e gargalharam. – Estamos precisando de viciados, o chefe nos mandou pegar recém-desencarnados e levar para ele. Por isso o desligamos, tiramos você vivo de sua roupagem física morta, senão iria vê-la apodrecer. Vamos embora!

Não adiantou rogar, argumentar e oferecer, levaram-me e me deixaram num local muito estranho. Parecia que estava dentro de um filme de terror.

Não estava sozinho, vi vultos tão desesperados como eu. Meus ferimentos doíam, o sangue seco me incomodava. Sentia dores, fome, sede e vontade de me drogar.

“Ó, meu Deus, que isso passe logo! Que será que está acontecendo?”

Senti minha mãe gritar por mim. Não entendendo como, ouvia meus pais e minha irmã chorarem desesperados.

Pessoas orando por mim. Quis ir com eles e parece que saí voando e quando percebi estava num velório. No meu velório! Caixão luxuoso, muitas flores e choros. Comentários. Ninguém conseguia compreender o porquê e o que eu estava fazendo no subúrbio. A conclusão era que fui assaltado no centro da cidade e levado para aquele lugar perigoso sob ameaça e assassinado depois. Escutei alguns falatórios maldosos que me afligiram. Queria desmentir, não conseguia. Tranqüilizava-me somente por alguns minutos quando alguém caridoso entrava na sala e orava por mim.

Não chorei, olhava tudo apavorado, querendo acordar daquele pesadelo.

Fiquei desesperado quando ouvi mamãe dizer chorando:

– E eu lhe pedia tanto para ter cuidado.[1]

Enterraram meu corpo e foram embora e eu continuei na sala do velório desesperado sem saber o que fazer. Senti medo, muito medo. Orei. Fiquei ali na sala vazia. Dormi no banco. Acordei com uma movimentação, outro corpo morto seria velado. Choros e agonia. Saí do velório.

"E agora, o que faço? Não sabia que morrer era assim", pensei aflito.

Estava com muita vontade de me drogar.

– Como é possível! Eu com tantos problemas e com vontade de usar drogas! Barbaridade! – falei. – Estou

1. Valdir parou muitas vezes a narração para chorar. Neste trecho, Antônio Carlos o consolou. Chorou durante alguns instantes. (Nota da Médium)

falando, andando, sentindo sede e dores. Será que estou sonhando? Morrer é assim tão estranho e aterrorizante? Já que estou andando, vou para casa.

E fui caminhando. Percebi que ninguém me via. Entrei em casa com facilidade. O portão estava aberto e havia muitas pessoas, familiares e amigos em casa. Ouvi-os comentar que mamãe fora sedada e que dormia. Entrei no meu quarto, a porta estava aberta e deitei no meu leito.

– Acho que ainda tenho drogas no esconderijo número um! – exclamei.

Levantei e fui até a cômoda. Que decepção! Não consegui abrir a gaveta. Continuei a sentir tudo o que já citei. Deitei de novo e acabei dormindo de cansaço.

Acordei com minha irmã entrando com a empregada. Ela estava tomando um refrigerante em lata. Eu estava com muita sede. Quis beber e, quando percebi, estava do lado dela "tomando" o refrigerante. Senti-me aliviado. Elas vasculharam meu quarto.

– Nada que nos dê pistas para saber o que Valdir fazia naquele local. A polícia nos garantiu que ele foi para lá sozinho, que parou o carro e foi morto – disse minha irmã.

– Será que foi por algum encontro amoroso? – perguntou a empregada.

– Não creio. Meu irmão não iria se encontrar com ninguém naquele local horroroso.

– Se fosse um encontro clandestino? – opinou a empregada.

– Cale-se! – minha irmã exclamou não gostando do comentário.

A empregada saiu do quarto, minha irmã continuou mexendo nos meus objetos e roupas e encontrou um dos meus esconderijos. Lá estavam uma pequena quantidade de cocaína e dois cigarros de maconha.

– Mamãe estava desconfiada de que Valdir usava drogas. Acho que ela tinha razão. Vou destruir isso! – minha irmã exclamou, baixinho.

Ela saiu do quarto e eu continuei ali. Quando senti cheiro de comida, fui para a sala de jantar. Papai, mamãe e minha irmã estavam sentados, tristes, olhavam os alimentos sem se apetecerem. Mas eu, como estava faminto aproximei-me, não consegui pegar nada, mas inalei aquele cheiro e senti como se comesse.

Ao vê-los e escutá-los foi que compreendi mesmo que eu tinha morrido, não estava sonhando, tudo era realidade.

– Eu devia ter prestado mais atenção em Valdir. Agora estou achando que ele não gostava de trabalhar comigo. Não tinha jeito! – disse papai.

– Mas ele nunca falou nada sobre isso! Não saberemos nunca se ele gostava ou não! – expressou minha irmã.

– Você, minha filha, acha que ele usava drogas? – perguntou meu pai.

– Não sei, papai, talvez aquela que achei no quarto dele fosse algo antigo, uma brincadeira de adolescente e que foi esquecida. Poderíamos ficar sabendo se fizéssemos uma autópsia – respondeu minha irmã.

– Nunca! – meu pai falou determinado. – Chega de falatório. Valdir sofreu um assalto e foi morto!

– É melhor não fazer a autópsia. Para que enlamear o nome dele e o nosso? Ele já morreu mesmo! E não volta mais! – mamãe expressou suspirando e enxugou algumas lágrimas que lhe escorreram pelo rosto.

Que dor! Como sofri ao ouvi-los. Saí de casa quando a empregada abriu o portão, fui para um local onde sabia que vendiam e consumiam drogas. Lá encontrei outros mortos vivos como eu. Um deles me ajudou a sugar um encarnado que cheirava cocaína. Senti-me melhor e, ao mesmo tempo, pior. Chorei e reclamei:

– Estou com muitos problemas! Morri e não sei o que fazer, meus familiares estão sofrendo e para piorar estou sentindo vontade de cheirar e fumar. Que horror!

– De fato, é um horror! A morte é detestável! Somos agora os vivos deste plano. Somos desencarnados e continuamos viciados, porque somente nos libertamos dos nossos vícios quando queremos. Você tem para onde ir? Não! Então venha conosco! É melhor ficarmos juntos – falou um dos desencarnados que ali estava me esclarecendo.

Aceitei o convite e fui com ele. Atravessamos um local escuro, enxergava muito pouco e paramos. Observei o lugar e achei parecido com aquele em que já estivera, onde os que me puxaram me levaram.

– Aqui é o local onde merecemos ficar! É chamado por muitos nomes e é mais conhecido por inferno, mas creio que o melhor nome é umbral. Feio, sujo, mas podemos nos acomodar sem incomodar ninguém – explicou o mesmo que me ajudou e convidou.

Fiquei com o grupo, sem coragem de voltar para casa. Éramos oito desencarnados, aprendi algumas coisas com eles. Na maioria das vezes, ficávamos muito perturbados, parecíamos alheios a tudo. Em outras ocasiões, conseguíamos entender o que estava acontecendo.

Saímos do nosso buraco, uma vala perto de uma pedra, para vampirizar, sugar energias de encarnados usuários de drogas. Porém, todos nós estávamos infelizes e nos queixávamos muito. Tínhamos dores, sentíamos por estar sujos e passar fome. Tínhamos para beber pouca água e esta era suja e estávamos sempre fissurados pelas drogas.

Entre nós havia um homem que estava sempre nos orientando, auxiliando, era como um líder. Parecia compreender melhor nossa situação. Um dia lhe perguntei:

– Você parece saber de tudo o que acontece por aqui. Sabe das coisas. Por quê?

– Valdir, quando encarnado, vestindo um corpo físico, era espírita. Bem, falava que era, mas agora acho que não fui, porque se tivesse sido mesmo, não teria feito o que fiz, tornado-me um dependente químico, nem estaria aqui. Viciei-me e desencarnei pelas conseqüências desse vício. Por isso, sei onde estamos e o que fazemos.

– Você, sabendo de muitas coisas, não sabe como sair daqui? – perguntei.

Ele não respondeu, balançou os ombros, voltei a indagar-lhe:

– Você sofre? Padece como nós?

– Sim, muito. Talvez se ficasse perturbado sofreria menos. Sou um farrapo humano, e sei disso!

– Nossa vida é pior que dos animais! Será que não podemos mudá-la? Como sair dessa? – perguntei.

– Pedir ajuda para os desencarnados maus é pior, eles não fazem nada sem cobrar – respondeu ele.

– E as pessoas boas? Onde estão? Elas não vêm aqui?

– Se eles nos ajudarem, vão querer que larguemos o vício – esclareceu ele.

– Eu até largo! Não quero mais viver assim – afirmei.

Naquela noite, uns desencarnados maldosos nos ofenderam e nos bateram. Ficamos muito machucados.

Chorei de tristeza e resolvi orar com todo meu sentimento, com fé.

– Por que, meu Deus, acontece isso comigo? – reclamei.

– Pelos tóxicos, resposta fácil – disse esse companheiro que dizia ter sido espírita. – Se você não tivesse se envolvido com as drogas, estaria lá, encarnado e reclamando com certeza de pequenos problemas.

– Como eu era feliz! Ó, meu Deus, ajude-me!

Ajoelhado, chorava e rezava as orações decoradas e rogava por auxílio. Senti ao meu lado uma energia de alguém diferente, que com voz suave perguntou:

– Você, meu jovem, quer mesmo ajuda?

Olhei e vi um senhor muito limpo, simpático, que sorriu para mim. Emocionado demorei uns segundos para responder:

– Quero sim, senhor! Pode mesmo me ajudar, tirar-me daqui?

– Posso – respondeu o senhor, que era um socorrista –, mas dependerá de você querer se tratar e melhorar interiormente. Largará o vício?

– É o que mais quero. Sei, porém, que não conseguirei sem ajuda – respondi.

– Vou levá-lo para um lugar onde receberá um tratamento. Alguém mais quer ir? – perguntou o senhor.

Fomos, dois companheiros e eu. O amigo que nos ajudava ficou olhando sem falar nada e não quis ir conosco. Não consigo me lembrar de como saímos do umbral. Contaram-me depois que os socorristas nos colocaram num veículo que eles usam: o aeróbus.

Tudo diferente, estava num lugar limpo, claro e tivemos o privilégio de tomarmos um bom banho.

– Até que enfim limpo, sem aquela mancha de sangue! – exclamei agradecido.

Ficamos num hospital de uma colônia, cidade no plano espiritual, na ala destinada aos ex-toxicômanos. Tivemos, meus dois companheiros e eu, crises de abstinência dolorosas. Compreendemos que abusamos do corpo carnal, abreviando nossa permanência no plano físico. Tínhamos ali no hospital alimentos, água limpa, leitos macios e tratamento. Começamos a aprender a viver como desencarnados. Mas à medida que os reflexos do físico iam diminuindo, o remorso aumentava; o sofrimento passou a ser diferente.

Depois de meses que estávamos socorridos, veio para o hospital aquele companheiro que nos ajudava quando estávamos no umbral. Abracei-o comovido, ofereci-lhe ajuda, alegrei-me por vê-lo.

– Valdir, pedi socorro e, pela bondade de Deus que não desampara seus filhos, aqui estou.

– Você não ficava perturbado como nós, orientava-nos e nos ajudava.

– É verdade – disse ele. – Acho que, consciente, sofri mais. Foi merecido! Eu sabia, tinha conhecimento e errei, mereci os muitos açoites. Agora quero ser grato e fazer por merecer mais essa oportunidade que estou tendo.

Ele se esforçou, não reclamava e continuou a nos ajudar. Foi estudar com outro grupo, pois já tinha muitos conhecimentos. Sempre nos vemos, somos amigos.

Arrependo-me muito por ter me envolvido com o tóxico. Hoje sei que sou o único culpado dos meus infortúnios. Por isso dei o título de "indesculpável" a este relato. Com toda a certeza, se pudesse voltar no tempo, não me envolveria mais com as drogas. Mas... nada volta! Aconteceu, está registrado, o passado não muda...

Sofri muito, mas muito mesmo. Pelos meus ferimentos, pelas necessidades e humilhações. Quando encarnado, não fiz mal a ninguém; o bem, até que a alguns. Talvez se tivesse feito mais caridade poderia ter sido mais fácil minha mudança de planos. Senti remorso somente por ter sido usuário.

Amarguei muito com o "se". Se não tivesse me viciado, se não tivesse ido comprar drogas, se não fosse tão imprudente etc.

Ainda estou fazendo tratamento. Gostei de fazer este relato, porque pude conhecer outra colônia, assistir a aulas e tive permissão de visitar minha família. Assustei-me quando os vi, estavam mudados, o tempo passou envelhecendo-os. Faz anos que desencarnei. Meus pais pensam em mim com carinho, sentem saudades. Até hoje não sabem o que de fato aconteceu. Acharam melhor acreditar que foi um assalto e que fui obrigado a ir para aquele lugar perigoso. Causei muitos sofrimentos a eles. E isso me faz ainda padecer. Eles que já tinham sofrido com a desencarnação de minha irmãzinha, sofreram mais ainda com a minha mudança brusca de planos.

Abreviei meu tempo encarnado. Não era para desencarnar naquela época. As drogas me mataram! Infelizmente, compreendi somente agora que abusar é fácil, é para os covardes. Recusar é difícil, é para os corajosos.

Já fiz muitos planos para o futuro, mas não tenho nada certo. Queria mesmo estar encarnado, em casa, no lar de meus pais, perto de minha família. Não se modifica o que passou, o que fizemos. Se fosse possível, como uma mágica, voltar no tempo, modificaria o meu envolvimento com as drogas e tudo seria diferente, mais feliz. Infelizmente, não se pode voltar no tempo. Como isso não é possível, sofro. Deus é bom demais nos dando outras oportunidades. Vou através de um estudo conhecer o plano espiritual, pedir para trabalhar e ser útil. Não sei se o que quero é o que posso! Mas de uma coisa tenho certeza: drogas, nunca mais!

Explicação de Antônio Carlos

Valdir ainda não consegue se desculpar, sente-se culpado. Realmente, não se deve inventar justificativas, mas sim reconhecer que errou. E que agora ele tem de aceitar e se adaptar à sua nova maneira de viver, a de desencarnado.

Embora grato e reconhecendo o grande auxílio que recebe sendo socorrido, queria estar encarnado. Esse sentimento é próprio daqueles que abreviaram o estágio no plano físico. O fato é que, se Valdir não usasse drogas, não iria comprá-las naquele local considerado perigoso e não teria sido assaltado nem desencarnado.

Ele achava que tinha controle do vício, mas já o estava perdendo, tanto que sua mãe já desconfiava. Se continuasse encarnado, com certeza não iria conseguir por mais tempo esconder sua dependência.

Valdir desencarnou logo após receber os dois tiros. Nenhuma desencarnação é igual. Muitas pessoas não vêem, não têm consciência; ele ficou confuso, mas desperto.

Ao ser desligado do corpo físico morto, seu espírito vestido do perispírito foi levado para o umbral, não ficou preso. Pelo clamor dos familiares, pelas orações que fizeram em sua intenção e porque ele também rezou, essas energias benéficas o ajudaram e ele foi atraído para o seu corpo físico. Se ele tivesse sido preso, seria mais difícil para ele ter ido ao velório. E, com certeza, se tivesse ficado naquele lugar, no umbral, teria sido feito escravo e sofrido muito mais. Como as orações auxiliam!

Moradores maldosos são desencarnados que têm por moradia o umbral e estão sempre fazendo arruaças e maldades. Bateram neles, Valdir e companheiros, que, sentindo ainda os reflexos do corpo físico, ressentiram-se da surra. No umbral, os espíritos são torturados e sofrem muito.

Quando a irmã tomava refrigerante, ele se aproximou e usufruiu das energias dela. Fez o mesmo com os alimentos de sua ex-casa.

Desencarnados não conseguem movimentar objetos materiais. Somente o fazem com raras exceções e quando se tem por perto um encarnado médium de efeitos físicos. Valdir não conseguiu abrir a gaveta nem o portão. Somente os desencarnados que sabem passam por portas fechadas e por paredes materiais.

Essa é a narrativa de uma pessoa que tinha conhecimentos e se tornou um toxicômano. Sofreu e ainda sente por ter sido tão imprudente. Valdir foi mais uma vítima das drogas.

7

Por quê?

Doutora

Prefiro não dar meu nome, pensei até em trocá-lo. Afinal, o que é um nome? Uma denominação que nos distingue dos outros seres humanos. Como eu tinha muito orgulho do título que recebi após estudar tanto, resolvi me intitular de doutora para fixar a lição de que somos o que conquistamos pelo esforço do trabalho e estudo. Pela série de imprudências que cometi, esse título agora é para mim uma responsabilidade difícil de carregar, que machuca meu eu interior. Se me intitulo assim, é para me lembrar que muito tenho de fazer para ser digna dele.

Reencarnei numa família de classe média, que não poupou esforços para que eu estudasse. Queria ser médica. De algumas reencarnações falidas, pedi na espiritualidade que queria encarnar para trabalhar sanando dores. Estudei medicina em uma colônia de estudo no plano espiritual e tive a bênção de voltar ao plano físico. E, encarnada, estudei muito para me formar.

O curso era muito difícil, estudava às vezes a noite toda. Um grupinho que estudava comigo tomava remédios para ficar acordado. Passei no terceiro ano a tomá-los também. Foi nas férias que percebi que sentia falta deles. Comentei com um colega e ele me aconselhou:

– Tome cuidado! Se você sente falta, está na hora de parar e não tomá-los mais! Você sabe que há pessoas que se viciam rápido. Aproveite as férias para não se medicar. Não sinto falta, tomo-os somente algumas vezes por mês.

Fui passar duas semanas numa fazenda de parentes para descansar. Mesmo num local calmo e tranqüilo, estava inquieta, achava que era cansaço. Ao voltar às aulas e ter de estudar muito, voltei a tomar os remédios. Uma noite, ao ir com colegas a um bar, experimentei a maconha.

– É melhor que experimentemos agora – disse um companheiro de estudos – como estudantes do que como médicos que seremos. Quero me especializar em psiquiatria e com certeza muitos dos meus pacientes serão toxicômanos. Vou fumar cigarros de maconha, experimentar cocaína e outras drogas para sentir os seus efeitos.

Achei coerente e experimentei também.

– É como fazer algo imoral, ilegal e que faz mal – opinou outra colega. – Mas nos é permitido como estudantes.

Faremos algo errado, mas somente para saber como é, nunca para nos viciar ou nos tornar dependentes.

Eu nunca deveria ter experimentado. Não se mata alguém somente para saber como é ser um assassino. E, ao experimentar, você pode estar matando. E a si mesmo!

Continuei a tomar remédios. Como passei a fumar, entre os cigarros que fumava, havia sempre um de maconha.

Em estágios, pude comprar os remédios que receitava à nossa empregada, com os documentos dela. Essa senhora nunca ficou sabendo. Maconha, cocaína e outras drogas são muito fáceis de adquirir. Perto da universidade ou mesmo dentro, havia sempre alguém para vender.

Formei-me, senti uma alegria imensa e fui o orgulho de toda a família.

Fui trabalhar e, como sempre sonhei, dediquei algumas horas por semana a atender com atenção pessoas carentes. Desculpas de estresse, cansaço me fizeram voltar a tomar remédios e aos cigarros de maconha.

Já tinha tido alguns namoros, mas todos sem importância, até que conheci um jovem engenheiro e me apaixonei. Ele também teve experiências com drogas, não se viciou e não as usava mais. Ele insistiu comigo para que parasse. Até tentei, como não consegui, menti e passei a usá-las escondido dele.

Sentindo-o se distanciar, engravidei. Foi uma alegria. Casamos. Estava com 33 anos. Durante a gravidez, não usei drogas, mas fiquei nervosa, inquieta, tive insônia e precisei tomar calmantes. Meu esposo foi paciente e amoroso comigo. Nasceu meu filho, lindo e sadio.

Ao voltar a trabalhar, voltei também aos remédios e à maconha. Fiquei grávida de novo. Consciente do tanto que as drogas fazem mal ao organismo, principalmente na gravidez, tentei parar, mas acabei usando de vez em quando. Nasceu minha filha.

Meu esposo desconfiou que eu estava fazendo uso de drogas, passou a me vigiar e brigamos muito.

Fiquei grávida de novo. Nessa gravidez, não consegui me controlar, embora menos, fiz uso dos remédios. Nasceu meu terceiro filho com o peso abaixo do normal e com problemas respiratórios, teve de ficar na UTI. Chorei arrependida e passei a tomá-los mais ainda.

Brigas em casa, meu marido contou aos meus pais, que conversaram comigo, exigiram que me tratasse. Aproveitei a licença da maternidade e me internei. Aquele meu colega que nos levou a experimentar maconha foi o meu psiquiatra. Um médico competente.

– Doutora – disse ele – sei agora que basta às vezes um cigarro para viciar algumas pessoas. Fomos imprudentes! Vou curá-la!

Saí do hospital, voltei para casa, fiquei com os meus filhos, tentei ser boa esposa. Senti, porém, que meu marido não me amava mais e que ele tinha outra pessoa. Conversamos.

– Vamos tentar de novo? – pedi.

– Vamos – respondeu ele –, vou deixar essa moça, vamos tentar ficar bem. Temos três filhos pequenos que necessitam de nós. Vou confiar em você!

Até que tentei. Voltei ao trabalho. Tudo tão fácil ao meu alcance. Lutei comigo mesma.

– É essa vida estressante! – reclamava. – Lido com doentes o dia todo. Em casa, as crianças gritam e brigam. Meu marido não me ama.

Ainda atendia carentes, não com a mesma atenção de antes. E foi num desses atendimentos que prescrevi um medicamento errado e uma menina de 12 anos veio a falecer.

Fiquei arrasada, um colega me alertou:

– Doutora, sabe o que fez? Pergunto-lhe o porquê. Cansaço? Drogas? Terei de informar à direção.

– Por favor, não o faça! – roguei. – Quem não erra?

– Na nossa profissão, não são permitidos erros. Você sabe disso.

– A cozinheira erra, a costureira, todos. Por que não nós? – indaguei.

– Se a cozinheira salga demais a comida, ninguém come. Se a costureira erra no corte, a roupa fica feia. Mas nós, às vezes, causamos óbitos com erros. É uma vida humana que se vai – falou ele.

A direção do hospital me advertiu. Como a família da menina não soube que errei, achou que a garota foi devidamente atendida e o caso não foi divulgado.

Voltei às drogas, e com mais intensidade. Já não conseguia atender os pacientes. Às vezes indagava às enfermeiras:

– Como vamos medicar esse?

Elas me sugeriam e eu fazia. A direção do hospital chamou meu esposo, falaram-lhe sobre a minha situação de dependente. Ele escutou calado, sabia que eu voltara aos remédios. Demitiram-me. Estava roubando medicamentos.

Voltei para casa mais cedo. Tínhamos duas empregadas, e era minha mãe quem cuidava dos meus filhos.

Meus pais estavam preocupados comigo. Mamãe chorou quando lhe contei que me demitiram. Meu marido não disse nada, olhou-me somente.

Sentei no sofá da sala, fiz uma retrospectiva de minha vida.

Tinha filhos lindos, sadios, que já iam para a escola, e era meu marido que cuidava da casa e deles quando minha mãe não podia. Eu os via pouco. Em casa, sob o efeito dos remédios, das drogas, ficava alheia, trancada no quarto.

Minha mãe pegou minha mão. Olhei-a, ela indagou-me com tristeza:

– Por quê? Por quê, filha?

– Não sei – respondi. – Mas agora vou parar. Prometo!

Quis ajuda e me internei. As crises de abstinência são terríveis. Doem fisicamente. O corpo acostumado quer, o cérebro necessita.

– Que fiz? Por que fiz isso comigo? – perguntava.

Senti saudades do meu lar, dos meus familiares. Somente quando melhorei recebi visitas dos meus pais, do meu irmão e do meu marido, que me explicou:

– Não trouxe nossos filhos, não quero que eles a vejam assim e aqui. Disse-lhes que você está viajando, estudando e trabalhando em outra cidade.

Dias depois, telefonei para eles. Escutá-los me fez muito bem; suas vozinhas pareciam cantigas aos meus ouvidos. Perguntaram se eu estava trabalhando muito, se voltaria logo e contaram o que estavam fazendo.

Meu filho mais velho me disse:

– Mãe, Cíntia nos levou ao cinema!

– Quem é Cíntia? – perguntei.

– A amiga do papai.

Pedi para falar com meu marido. Ao indagar-lhe quem era Cíntia, ele me respondeu:

– A mulher que amo. Doutora, quero a separação e a guarda dos nossos filhos. Espero que você concorde.

– Nunca! Estou me curando, logo voltarei para casa e serei boa esposa e mãe.

– Desejei muito isso! Como quis e tentei. Implorei a você. Agora chega! Quero a separação! – ele afirmou com convicção e desligou o telefone.

Tive uma forte crise, se não estivesse no hospital, com certeza teria tomado drogas.

Meu esposo não veio mais me ver, somente meus pais. Quando recebi alta, escutei do médico que me tratou o que eu já sabia muito bem e o que recomendaria aos meus pacientes:

– Nada de voltar às drogas! Se tomar um remédio ou fumar um cigarro de maconha, começará tudo de novo.

A minha casa estava como sempre, só que eles não estavam mais lá.

– Seu esposo, filha – explicou mamãe –, mudou-se com as crianças para outra casa, num bairro distante daqui.

– Cíntia está com eles? – perguntei.

– Sim, essa moça mora com eles. Seu marido contratou um advogado, a separação já está pronta e falta somente você assinar. Ele levou à audiência testemunhas que afirmaram que você é dependente química, que não tem condições de ficar com as crianças. Seus filhos estão bem. Você sabe que ele sempre foi ótimo pai. Nós, seu pai e eu, estamos sempre com eles.

Chorei muito. Tinha consciência dos meus erros. Na minha profissão, cometi erros por não estar bem, a morte daquela menina foi uma imprudência, um erro confuso. Receitei para outros pacientes remédios indevidos, agia contra a ética médica. No meu lar, estava sempre alheia a tudo, não sabia nem se meus filhos haviam tido resfriados, do que gostavam ou o que queriam.

Fiquei em casa sozinha por dias e pensando. Como não tinha mais renda, meus pais pagavam as despesas e traziam alimentos, mas não me davam dinheiro. Resolvi que voltaria a estudar e depois, quando me achasse capaz, a trabalhar.

Meu marido trouxe meus filhos para me verem. Abracei-os. Eles ficaram admirados com minha demonstração de afeto. Ficaram me olhando, com certeza esperando eu dizer o de costume:

"Mamãe está cansada!"

"Não quero saber!"

"Fora daqui! Deixem-me descansar!"

Olhei-os com carinho, eles estavam crescidos. Perguntei sobre a escola, os amigos e se gostavam da nova casa.

– Sim, mamãe, eu gosto! – respondeu o meu caçula. – Os vovôs e as vovós saem conosco. Cíntia trabalha pouco e nunca está cansada. Ela tem uma filhinha do seu ex-marido. Brincamos muito e podemos bagunçar à vontade. Ela conta histórias para nós. Temos ido às aulas de evangelização no centro espírita. Gosto muito e oramos sempre para você.

Esforcei-me para não chorar. Cíntia ocupou o meu lugar.

– Você assina nossa separação? – perguntou meu ex-marido.

– E as crianças? – indaguei.

– Desculpe-me, mas não tenho coragem de deixá-los com você. Mesmo você sendo médica, sabe que o nosso caçula é alérgico? Sabe que remédios ele pode tomar? Que nossa menina tem bronquite? Não, você não sabe. Por favor, deixe-os comigo. Por eles, não devemos brigar na justiça.

– Estou limpa, não tomo mais nada. Curei-me!

– Bom para você, para nossos filhos. Eles poderão vir vê-la sempre. Você, acompanhada de seus pais, poderá levá-los para passear.

– E se eu obtiver a guarda, eles voltarão a morar comigo – falei.

– Se isso acontecer, volto também. Não confio em você.

Eles foram embora, chorei. Compreendi que ele tinha razão. O que eu sabia dos meus filhos? Pouca coisa. Resolvi que não voltaria nunca mais às drogas e reconquistaria tudo e todos.

Fui fazer um curso de especialização, pago por papai. Não assinei a separação e meu ex-marido não insistiu. A casa em que morávamos ia ser passada para nossos três filhos. Saía com meus filhos dois domingos por mês, junto com meus pais. Percebi que eles gostavam dos avós, não de mim.

Passaram-se seis meses e eu não tomara nada nem fumara. Num domingo, esperava meus filhos para almoçar comigo. O almoço já estava quase pronto quando meu filho mais velho me telefonou:

– Mãe, podemos cancelar o almoço? Queremos ir passear com nossos vizinhos. Eles vão ao lago pescar e velejar.

– Mas eu fiz o almoço! – respondi.

– Mais um motivo. Você sabe cozinhar? Nunca a vi na cozinha.

– Claro que sei! Não abro mão! Venham almoçar!

– Mamãe... queremos ir, por favor!

– Não e não! – gritei. – Venham ou vou ao juiz e peço a guarda de vocês.

Escutei-o chorar. Fiquei revoltada, nervosa. Ao abrir um balcão na cozinha, vi uma garrafa de uísque, que certamente fora escondida para que eu não achasse. Impulsivamente, peguei-a, abri e tomei no gargalo. Fiquei bêbada. Meu ex-esposo trouxe meus filhos, ele não desceu do carro. Eles entraram tristes e isso me deixou mais irritada. Servi o almoço, meus filhos conversaram entre si me ignorando. Bebi mais. Estava cambaleando. Gritei com eles. Assustaram-se. Meu filho mais velho telefonou para o pai:

– Papai, venha rápido nos buscar. Mamãe está esquisita. Acho que está bêbada!

Tirei o telefone da mão dele, gritei xingando-os. Eles se abraçaram, ficaram encolhidos num canto do sofá. Logo chegou o pai deles. Tocou a campanhia e gritou, eu os ameacei para não abrir a porta. Ele arrombou-a. Somente me olhou, pegou nas mãos dos meus filhos e saíram correndo. Bêbada, dormi. Acordei com o telefone tocando, era minha mãe.

– Filha, como foi o almoço?

– Ainda não lhe contaram? – perguntei. – Foi terrível! Um desastre. Bebi!

– Filha! – exclamou mamãe chorando.

Desliguei o telefone, levantei e vi a porta arrombada, os objetos que quebrei, a mesa de jantar com os pratos que meus filhos usaram. Chorei e bebi o resto do uísque. Mamãe chegou e me viu bêbada.

– Por quê, filha?

– Não tinha remédios nem drogas, por isso bebi – respondi. – Tudo está errado na minha vida, meus filhos não me amam.

– Agindo assim, não os conquistará – falou mamãe.

Minha mãe ajeitou a casa, enquanto papai consertava a porta. Deixaram-me na cama. No outro dia, resolvi me drogar novamente.

– Que tudo se dane! – exclamei revoltada.

Passei a usar drogas, remédios que comprava com receitas que eu mesma prescrevia em diversas farmácias, a beber bebidas destiladas fortes, a fumar cigarros de maconha e fazer uso de outras drogas. Para obter dinheiro, fui vendendo objetos de casa. Quando vendi tudo o que era possível, resolvi roubar de meus pais e do meu irmão. Meus pais por diversas vezes tentaram me internar, mas eu não quis. Não vi mais meus filhos. Não assinei a separação, mas o juiz deu a guarda definitiva de meus filhos ao meu ex-marido. Eles não queriam nem me ver, tinham medo de mim.

Estava magra, feia, tentei até me prostituir, não deu certo. Meus pais me internaram numa clínica, levaram-me enquanto eu dormia.

– Não adianta, quando sair daqui me drogo novamente – gritei.

– Quer morrer? – perguntou o médico.

– É uma boa idéia! – expressei.

– Doutora, seu físico não agüenta mais drogas! Entrará em colapso e falecerá. Cure-se! Recomece!

Não respondi, resolvi fugir e, na primeira oportunidade, saí e fui vagar pelas ruas. Usei drogas perigosas. Meus pais me acharam e me levaram para a casa deles.

– Vamos cuidar de você! – exclamou mamãe.

Meus filhos falaram comigo pelo telefone. O mais velho rogou:

– Mamãe, sei que você bebe. É a bebida que a faz agir diferente. Nós a desculpamos e queremos vê-la bem, vá se tratar, por favor.

Sabia que meu filho falava o que lhe mandavam. Minha mãe deve ter lhe pedido.

– Vocês são felizes? Você está bem, meu filho? – perguntei.

– Estamos sim, mamãe. Cíntia é boa conosco e papai é a melhor pessoa do mundo.

– Vocês amam muito seu pai, não é? – indaguei.

Ele demorou um pouco para responder.

– Amamos papai, sim. Ele sempre cuidou de nós. Mas gostamos também de você.

– Filho, eu bebo sim, mas também sou uma dependente química. Você sabe o que é isso?

– Sei, é um viciado em tóxicos. Já assisti a palestras na escola e papai conversa conosco sobre isso.

– Quantos anos você tem, filho? – perguntei.

– Quinze. Não se lembra?

– Claro que lembro, perguntei por perguntar. Tchau!

Desliguei o telefone e chorei muito.

– Que fiz de minha vida?

Esquecera até a idade dos meus filhos. Recordava de algumas festas de aniversário deles, que eram organizadas por minha mãe. Não merecia viver. Infeliz, tomei perfumes, álcool e passei muito mal. Socorrida, o médico me alertou:

– Doutora, você está sc matando!

– Largue esse vício, filha, aceite um tratamento, uma ajuda – meus pais rogaram.

– Não! Quero as drogas! – afirmei.

E depois de três crises, em que tomei tudo o que encontrei que continha álcool junto com remédios e cocaína, desencarnei.

Sofri muito, mas muito mesmo. Perturbada, confusa, com dores terríveis, senti-me jogada de um lugar a outro. Fiquei perto de encarnados que se drogam para saciar um pouco minha vontade. Estava demente! Às vezes sentia-me um pouco consciente e parecia escutar:

– Mamãe, reaja! Recupere-se!

Aqueles apelos passaram a ser mais constantes. Dos meus três filhos, do meu ex-esposo, de Cíntia e até do meu irmão.

Num desses apelos, fui atraída para perto deles. Era uma reunião familiar. Reconheci-os. Meu ex-marido estava envelhecido. Meus filhos adultos. Faziam o Evangelho no Lar, oravam. Pela primeira vez em muito tempo, pude raciocinar. Chorei baixinho. Oravam por mim.

– Deus, Jesus, bons espíritos, nós lhes pedimos proteção à mamãe. Que seu espírito cansado tenha descanso. Que ela possa compreender que desencarnou e queira socorro, ajuda e que passe a viver com dignidade. Agradecemos...

Meu filho orou, senti uma força me envolvendo e eu, que não gostava de orar, rezei um Pai-Nosso com eles.

– Quer vir conosco?

Assustei-me, olhei para quem falou e vi um senhor muito simpático, que sorriu para mim.

– Quem é o senhor? – indaguei.

– Um dos bons espíritos a quem eles pedem para ajudá-la.

– Quero ajuda! Quero me tornar livre! Não quero mais ficar assim! – roguei.

Olhei para um espelho na parede da sala e levei um susto. Hoje sei que fui induzida por benfeitores espirituais a nele contemplar minha própria imagem. Não me reconheci. Parecia um animal, suja, minha fisionomia era de alguém muito doente. Chorei alto. Aquele senhor pegou a minha mão e, quando a soltou, eu estava em outro local. Duas senhoras bondosamente me limparam, me vestiram roupas limpas. Acomodaram-me em um leito cheiroso e dormi.

Acordei e lembrei-me dos meus filhos, de suas orações, fiz um propósito de me melhorar, de me esforçar para ficar como eles queriam. Dias depois, recebi a visita de meus pais.

– Nós desencarnamos, filha – explicou mamãe. – Nosso corpo físico morreu e continuamos vivos como você. Preocupamo-nos tanto com você, filhinha, e tentamos ajudá-la. Ficou vagando por anos.

Abraçamo-nos emocionados e choramos. Falei:

– Sofri muito, mamãe. Como abusar do corpo físico traz conseqüências dolorosas! Sentia-me louca! Mas louca sofre!

Lembrava que sentia muitas dores. Meu aparelho digestivo estava arruinado pela bebida e pelos líquidos que bebi. Passei fome, sede, era um farrapo, um desencarnado feio de ver. Fui escrava de desencarnados maldosos e usada para viciar outros encarnados.

– Nada sou! – expressei sentida.

– É filha de Deus! E nós a amamos! – exclamou mamãe.

Não foi fácil a minha recuperação. Não é só porque fui socorrida que todos os meus problemas acabaram. Acho que continuaram fortes, porque eu tinha de me tornar livre, de desintoxicar-me. Meus pais e trabalhadores do hospital onde estava abrigada na espiritualidade me auxiliaram, e as orações dos meus filhos me fortaleciam.

– Seus filhos seguiram a orientação de Cíntia, uma pessoa boa, espírita, que os ensinou a serem religiosos. Eles, compreendendo que a desencarnação é uma mudança de planos que fazemos, sentiram que você necessitava de socorro. Pediram muito, oraram tanto que suas orações a encontraram, foi atraída para lá e socorrida. Agora, filha, pelo menos desta vez, atenda-os!

Tive muitas vezes vontade de sair deste bendito abrigo, do posto de socorro e ir embora, ir atrás das drogas, porque sofria pela falta delas. Impregnei meu perispírito de energias nocivas. Foi longo o tratamento mas me desintoxiquei. As orações e os pedidos dos meus filhos me sustentaram.

Sentindo-me melhor, ia às enfermarias onde estavam desencarnados que se sentem doentes. Fui ajudá-los como enfermeira. Melhorei muito com essa atividade.

Passei a estudar, a trabalhar. Quando penso nas drogas, sinto ainda mal-estar, tontura e enjôo. Tenho chorado muito, arrependo-me bastante. E não sei responder o porquê de ter usado drogas.

Desperdicei uma encarnação em que poderia ter feito o bem ao meu semelhante, ter sido útil e boa mãe. Ainda bem que nenhum dos meus filhos é usuário, não bebem nem fumam. Sabem que podem ter herdado essa tendência de se tornarem dependentes com facilidade.

Tive a graça de pedir perdão à menina que desencarnou por meu erro médico, e ela me perdoou. A aceitação de desculpas por parte dela me fez sentir melhor, mas não anula meu ato irresponsável. Sei que terei a reação de meus erros e espero suavizá-la pelo trabalho edificante. Foi muita caridade ela me perdoar.

Queria ter paz e tranqüilidade em vez do remorso e da culpa que sinto; não tenho sossego. É ironia eu me chamar de doutora? Não, não quero ser irônica. Quero ter como objetivo fazer jus a esse título e ser no futuro alguém que respeita a vida e que usará de seus conhecimentos para sanar dores. Quero exercer a medicina no futuro. Mas para isso tenho de provar a mim mesma que serei capaz.

Não quero ter mais nenhum mau sentimento nem culpar os outros pelos erros que cometi. Mas os traficantes erram muito, tóxicos são causas de muitos sofrimentos. Lembro-me, porém, de que foi por remédios que amenizam dores e que curam que abusei.

Sei que Deus tem piedade de mim, como tem de todos. Sei também que, embora já tenha sofrido muito, tenho ainda de sanar pelo sofrimento as marcas que, pelos meus erros conscientes, deixei no meu perispírito, e que certamente ao reencarnar transmitirei essas deficiências ao corpo físico.

Sinto-me aliviada por fazer este relato. Quero que você após lê-lo nunca experimente drogas; se já o fez, não repita; se for dependente, que se trate e, se não for esse seu caso, que ajude de alguma forma um dependente. Adeus!

Explicação de Antônio Carlos

Quando sabemos que o que fazemos é errado, nossa responsabilidade é maior, e o retorno quase sempre mais doloroso. Não ficamos sem as reações dos nossos atos, sejam eles bons ou maus. E a colheita não é igual para a mesma plantação. Para essa convidada, que sabia muito bem o mal que fazia ao físico, seu abuso foi por ela mesma considerado grave.

Sofreu e fez muitos sofrerem: seus pais, o irmão, o marido e deixou marcas profundas nos filhos, que tiveram a graça de ter um pai responsável, que cuidou deles, e uma madrasta que os orientou.

O que o médico, colega dela de trabalho, falou é muito importante. Todos erram profissionalmente, a costureira, a cozinheira etc., mas profissionais que lidam com seres humanos, com vidas, devem ter a atenção redobrada. Tudo deve ser feito para não haver erros. Ela teve responsabilidade pelo desencarne daquela menina. Não deveria ter se envolvido com drogas, mas quando o fez deveria ter tido o bom senso de não clinicar. Foi um ato grave de conseqüências dolorosas para os envolvidos, principalmente para a menina e seus familiares. Nossa convidada foi perdoada, mas não anulou o ato. Médicos devem ter muita responsabilidade no seu trabalho, lidar com o paciente sempre pensando que ele é seu irmão perante a humanidade, que é filho ou pai de alguém e com amor fazer o possível para sanar dores e não aumentá-las.

Vimos também nesse relato que, como a ciência provou, existem pessoas que se viciam com facilidade. O importante é não experimentar para não correr o risco de se tornar um dependente.

A doutora sofreu muito quando desencarnou, ela ainda não tem estrutura para relatar tudo o que passou.

Foi levada como escrava para o umbral, humilhada, torturada etc.

Ela também fez o bem, atendeu pessoas sem cobrar. O bem realizado não se perde, os muitos "obrigados" e "Deus lhe pague", amenizaram de alguma forma seus padecimentos. Essas boas ações a tornaram apta a receber as preces dos filhos. Com certeza, iria vagar por muito mais tempo se não fosse por esses seus atos caridosos.

Como a oração tem endereço certo! Foi pelas preces dos filhos que ela pôde ser socorrida. Orar é benéfico a quem o faz e àqueles a quem dirigimos as preces. São energias salutares que nos auxiliam sempre.

8

O doente

Betão

Chamo-me Luís Alberto, mas desde pequeno me chamavam de Beto ou Betão, pois cresci muito; era forte, extrovertido e estava sempre rodeado de amigos.

Nasci em família de classe média, tive somente um irmão. Quando nascemos, nossos pais já tinham uma certa idade e eles trabalhavam muito para nos dar conforto e estudo.

Como eu conversava muito, era conhecido e conhecia todos no colégio em que estudava. E como em quase todas as escolas, na que eu freqüentava havia uma turminha que era por muitos considerada rebelde, que usava drogas. Eu também era amigo deles. E, numa festa, fui cumprimentá-los e ficamos conversando, ofereceram-me um cigarro de maconha e insistiram para que eu experimentasse.

– Betão, não achava que você fosse preconceituoso! Você já comeu jiló? Não? Como sabe que não gosta? Só porque lhe disseram que drogas é ruim, que vicia etc., nega-se a usar, a fumar um cigarrinho! Você não tem personalidade, aceita o conceito e pronto, como fez com o jiló, não experimenta.

– Dizem que jiló é amargo e que tóxico é veneno – repliquei.

– Dizem – falou rindo o amigo que insistiu comigo. – É muito triste escutar isso de você, cara legal, gente fina, mas taxativo. É ruim e pronto!

É com tristeza que recordo essa conversa. Realmente, eu não tinha personalidade e quis provar a eles que estavam enganados a meu respeito. Como gostaria de voltar no tempo e dizer:

– Não quero experimentar porque tenho realmente personalidade formada. Acho, ou melhor, tenho certeza de que não será bom para mim. Eu me amo, cara! Quero o meu bem!

Teria dito isso, se tivesse bom senso e coragem e tudo teria sido diferente. E com certeza estaria ainda encarnado, com filhos e feliz, exercendo uma profissão e sendo útil. E o tempo não volta...

Como a conjunção "mas" me incomoda! Experimentei e tudo mudou.

Fumei, cauteloso, o primeiro cigarro; meu coração batia forte. Nessa época, não se comentava muito sobre tóxicos como atualmente. Achavam os educadores que, se falassem muito, estariam fazendo propaganda e que atiçaria a curiosidade dos alunos. Eu não sabia muito sobre seu efeito. Achava que era como fazer algo escondido sem muitas conseqüências.

Senti no primeiro que fumei tontura e enjôo. Já havia fumado alguns cigarros de tabaco por farra. Rindo e com a turma me incentivando, fumei o segundo e infelizmente não parei. Passei também a fumar cigarros de tabaco e a beber.

Mudei de temperamento, estava mais quieto e passei a sair mais com essa turma. Meus amigos de infância e de adolescência sabiam da má fama desses jovens e tentaram me aconselhar:

– Beto, você vai se viciar, e um viciado sofre! Largue isso, volte a sair conosco.

– Não vou me viciar! Largo quando quiser! Estou fazendo uma experiência. Vocês não devem se intrometer na minha vida.

Eles resolveram me ajudar. Agiram certo, demonstrando que eram meus amigos. Reuniram-se e foram à minha casa no horário em que sabiam que eu não estava e contaram aos meus pais.

Quando cheguei em casa, meus pais me esperavam na sala, estavam preocupados. Indagaram-me se era verdade, se estava envolvido com drogas. Neguei, disse horrores desses amigos, que para mim tornaram-se ex. Meus genitores desconheciam também a gravidade do problema.

– Drogas são como bebida e cigarros de tabaco – expressei com convicção. Sou jovem e não posso beber em festas? O senhor, papai, bebe socialmente, freqüenta bares com amigos. A senhora, mamãe, também toma cervejas. Não são viciados, nem eu! Tomo cervejas e fumei alguns cigarros. Nada demais. Não precisam ficar preocupados. Eles vieram aqui fofocar por inveja. Todos gostam de mim, sou popular. Sou amigo de muita gente.

Convenci-os. Jurei, porém, que não ia mais usar drogas. Mas não cumpri a promessa. Não conversei mais com esses amigos e me enturmei mais ainda com os outros.

O pai de um desses meus amigos de infância conversou com meu pai alertando-o sobre meu procedimento. Papai achou que era farra de jovem, somente me pediu para ter cautela e não exagerar.

Na época do vestibular, fiquei muito em casa e estudei bastante. Meus pais não se preocuparam mais comigo. Tinha me esforçado e passado numa universidade pública de difícil acesso. Iria morar em outra cidade, fizeram os preparativos com alegria.

Foram comigo, acertamos o aluguel de uma casa em que moraria com mais dois rapazes. Compraram tudo de que eu necessitaria. Entusiasmado com os estudos e com a universidade, eu quase não fumava. Três meses depois, quando tudo se tornou rotina, passei a fumar mais. Logo os dois companheiros com os quais eu dividia a casa perceberam e conversaram comigo.

– Betão, ou você larga a maconha ou não mora mais conosco!

Discutimos e mudei-me. Como afins se atraem, fui morar com outros que também faziam uso de drogas. Disse para meus pais que os dois eram chatos etc. e que estaria melhor. Confiando em mim, acharam que fiz o certo. Morávamos em seis; embora as despesas fossem menores, não falei nada, pois gastava muito com drogas. No segundo ano com essa turma, conheci o LSD, droga que tem um poder muito grande de viciar e tornei-me completamente dependente. Um dos que moravam comigo era de família muito rica; o pai lhe dava muito dinheiro e ele financiava as drogas para nós. Esse amigo vendeu o carro escondido dos pais e estávamos consumindo esse dinheiro. Dois companheiros e eu já não íamos mais à universidade, não tomávamos banho e nos alimentávamos pouco. Emagreci. Dava desculpas nos feriados, que tinha de estudar e não ia para casa. Um dos que moravam conosco, que usava drogas mas não estava muito dependente, teve medo e informou por carta nossos pais e mudou-se da casa.

Meus pais, ao receberem a carta, telefonaram para a vizinha que gentilmente nos dava os recados, pedindo para eu ligar para eles. Telefones naquela época eram objetos de luxo e os interurbanos eram difíceis de fazer. Não liguei. Meus pais resolveram vir me visitar para saber o que estava acontecendo. Viriam no fim de semana. Como os pais de um dos que residiam comigo telefonaram pedindo também para ele ligar, meu amigo ligou. Seus pais falaram da carta que receberam e que viriam no fim de semana também. Achei que os meus queriam falar comigo sobre o mesmo assunto. Resolvemos que iríamos negar que estávamos nos drogando. Arrumaríamos bem a casa e receberíamos nossos pais alegando que tínhamos expulsado o delator porque era ele quem usava drogas, que tinha sido uma vingança dele contra nós. Resolvemos também que iríamos dar uma surra nele assim que nossos pais fossem embora.

Para despistar, porque ficaríamos dias sem usar drogas, fizemos uma festa e abusamos. Fumei, bebi, cheirei cocaína e tomei LSD, minha droga preferida, minha "amada idolatrada", como eu a chamava.

Senti-me mal e desmaiei. Alguém da festa teve o bom senso de me levar para o hospital. Entrei em coma. Meus pais, que viriam na sexta à noite, tiveram de viajar antes, na quinta-feira pela manhã. A festa fora na quarta-feira. A direção do hospital, achando que eu ia falecer, informou-os. Não senti nada. Apaguei.

Meus pais, preocupados, receberam a informação de que eu estava muito mal e que talvez falecesse. Eles foram conversar com meus outros colegas e souberam que eu não ia mais à universidade; informaram os pais dos que moravam comigo. Meus amigos foram levados pelos pais para suas casas, pararam de estudar, iriam se tratar. Meus amigos levaram um susto muito grande, temeram que eu morresse e pelo que poderia ocorrer com eles e quiseram ajuda para se livrar do vício.

Comecei a ter pesadelos e a sentir dores.

– Que bom, Luís Alberto, você está acordando. Saiu do coma! – escutei alguém falar.

Consegui abrir os olhos e enxerguei uma pessoa vestida de branco. Tive crises de abstinência terríveis, em que suava, tremia e tinha de ficar amarrado ao leito. Tudo estava confuso. Lembranças se confundiam. Via meus pais me acariciando, sentia que gostava deles, mas não os reconhecia como meu pai, minha mãe e meu irmão.

Fiquei em coma dois meses e vinte e um dias e no hospital por mais sessenta e dois dias. Então meus pais me levaram para casa.

– Coma, Beto!

– Deite-se, Betão!

– Levante, meu filho!

Obedecia, não gostava de ter aquelas crises em que queria algo e não sabia o que era. Tremia, suava, doía-me todo o corpo, gritava, chorava, ria, às vezes perdia o sentido. Acordava melhor. Médicos foram consultados. Passei a agir como vou descrever: tinha fome, comia; se demoravam a me dar algo, chorava; tinha sede, bebia.

– Hora do banho!

Eu ia ao banheiro – nada mais em casa era trancado – tomava banho, vestia a roupa que minha mãe colocava na cama. Escutava às vezes músicas e via televisão.

– Leia isso!

Lia com dificuldade e não entendia o significado.

Com o tempo, quando queria algo que não me davam, além de chorar, tornava-me agressivo. As pessoas passaram a ficar com medo de mim, e isso me fazia sentir melhor. Como já tinha empurrado mamãe por duas vezes e uma meu pai, o médico me receitou calmantes.

Sentia-me prostrado, quieto, falava pouco e quando o fazia era de modo desconexo.

Por algumas vezes, tinha vontade de me expressar, de pedir perdão e dizer que não queria que me dessem o calmante. Queria ser sadio novamente. Somente conseguia chorar.

Meus pais cuidaram de mim com carinho, atenção, não deixando que me faltasse nada.

Sofria, embora não compreendendo bem, sentia dores. Uma noite, acordei com dor de dente. Chorei. Mamãe veio rápido ao meu quarto. Consegui mostrar o dente. Ela compreendeu. Escovou-o e me deu um remédio para dores. No outro dia, levou-me ao dentista. Tiveram de me sedar para que o profissional pudesse tratar dos meus dentes.

Anos se passaram. Meus pais já estavam idosos, aposentados e com recursos financeiros escassos. Não puderam mais ter empregada doméstica. Os dois faziam os serviços de casa. Não se queixavam, mas estavam preocupados. Meu irmão havia casado e, mesmo tendo a sua família, ajudava-nos.

– Se morrermos, o que será de Betão? – indagavam.

Sabiam que meu irmão não podia ficar comigo. Minha cunhada tinha medo de mim, eu já lhe havia dado uns beliscões e empurrado-a por vezes.

– Ele será internado num hospital público, porque o irmão não terá condições de interná-lo numa clínica particular – concluíram.

Eles, meus pais, culpavam-se.

– Se o tivéssemos vigiado mais, se o tivéssemos internado...

Senti muita solidão, foram poucas as visitas que recebi. Saía raramente de casa – somente para ir a médicos, ao dentista ou ao fisioterapeuta. Sentia medo, tinha pesadelos com monstros ou que caía num buraco profundo. Via vultos que riam de mim, temia-os. As dores me faziam padecer. Queria entender o que acontecia e não conseguia. Sabia que eu era diferente, comparava-me às vezes com os outros, sadios. Sofri muito. Porém, sei agora que se tivesse desencarnado quando entrei em coma, teria sofrido muito, mas muito mais.

Tive câncer. Como vomitara algumas vezes, o médico após exames constatou um câncer no fígado. Achei muito ruim ficar no hospital, queria voltar para casa. Fui piorando e um dia dormi e acordei em outro local, em um outro hospital. Gostei desse, embora não vendo mais meus pais; não me deram mais injeções e fui melhorando, como também passei a compreender o que acontecia.

Tinha danificado, com os tóxicos, meu cérebro físico. Quando entrei em coma, lesado de maneira irreversível, tornei-me doente. Vivi 22 anos como deficiente mental.

Desencarnei, fui desligado do corpo por espíritos socorristas que trabalhavam no hospital. Levaram-me para o plano espiritual.

Aos poucos, fui me recuperando. Desligado do meu corpo físico, parei de sentir dores, a capacidade de raciocinar foi voltando e passei a sentir remorso.

– Que fiz, meu Deus? – indagava chorando. – Tive um corpo físico sadio e danifiquei-o.

Os trabalhadores do hospital me auxiliaram com carinho. Orientado, compreendi que somente chorar não adiantava, que necessitava deixar de ser servido e passar a ser útil.

E foi o trabalho a melhor terapia. Levava recados, atendia os doentes servindo-lhes água, dava-lhes alimentos, ajudava-os a se levantar, apoiava-os para que caminhassem.

Voltei com o passar do tempo a ser alegre e brincalhão. Fui estudar para conhecer o plano espiritual e tornei-me enfermeiro. Nessa época, dormia muito pouco, trabalhava 16 horas por dia. Nas minhas folgas, ia ao teatro, lia e ficava em casa. Morava com seis pessoas numa casinha, numa residência linda com muitas plantas. E, melhor, junto de meus pais. Eles, depois que mudei de plano, sentiram-se aliviados e aquela ânsia de viver no plano físico diminuiu. Meu pai desencarnou cinco meses depois que eu, por um infarto, e mamãe, oito meses após papai, por um aneurisma cerebral.

Eu queria servir na ala do hospital onde estavam abrigados em tratamento os que, encarnados, foram dependentes químicos. Pedi à direção e aguardei ansioso.

– Luís Alberto, você, a partir de amanhã será um servidor da ala sete – informou o orientador do hospital.

Agradeci contente, meu pedido fora atendido. No outro dia, apresentei-me ao trabalho.

Meu trabalho na ala sete do hospital da colônia espiritual em que moro foi e tem sido uma experiência incrível. Sou enfermeiro na enfermaria masculina e vejo em cada um dos internos o que fui. Talvez por isso os ame muito.

Quando nos viciamos em algo, diz-se que nos tornamos escravos. De fato, um elo forte une a dependência e o indivíduo, que não consegue ficar sem o objeto de seu vício. E voltar a ser independente, livre, requer esforço, vontade firme e, na maioria das vezes, a ajuda de profissionais e, na espiritualidade, também de bondosos servidores.

Ao desencarnar, sentimos os reflexos do corpo físico. Para os prudentes e bons, essas sensações não incomodam. Mas alguns, mesmo socorridos, sentem esses reflexos, tendo de ficar por tempo variável sob cuidados e atenções. Encarnados que viveram voltados a prazeres materiais sentem intensamente esses reflexos. E os viciados, toxicômanos, sofrem muito com essas sensações. Ao desencarnar, passamos a vestir outra roupagem que é denominada perispírito, e quando a pessoa não entende que mudou de plano continua a sentir como se estivesse encarnado. É por isso que na espiritualidade se aprende a viver como desencarnado.

O tóxico não envenena só o corpo carnal mas o perispírito também. A falta das drogas faz com que os desencarnados toxicômanos tenham crises de abstinência. Não tive essas crises desencarnado porque fiquei doente e no período de enfermidade não usei mais drogas. Assim, meu corpo após muitas crises se desintoxicou.

Os toxicômanos normalmente sofrem muito ao desencarnar, e o término desse sofrimento depende deles mesmos. Um dia chega o socorro. Eles são trazidos para hospitais na espiritualidade, onde são tratados.

Eu conversava muito com eles, os abrigados, na enfermaria onde servia e cheguei à conclusão de que alguns desconheciam as conseqüências nocivas das drogas e que a maioria tinha conhecimento mas não acreditava que algo de ruim fosse acontecer com eles. O pensamento comum era:

"Agora está bom! Para que pensar no futuro? O corpo é meu e faço o que quiser! Para que sofrer por falta das drogas? Comigo nada acontecerá! Sei o que faço! Paro quando quiser!"

Todos os internos se arrependeram; o sentimento maior foi por ter desperdiçado a oportunidade da reencarnação. Sentiam também, como eu senti, por ter feito familiares, pessoas que gostavam deles, sofrerem. As desculpas que davam não faziam mais sentido e, quando isso acontece, o remorso dói, e muito. Sempre escutava deles:

– Beto, eu dava desculpas de que me envolvi com drogas porque meus pais eram separados e meu pai não ligava para nós. Agora compreendo que, por ter agido assim, fiz minha mãe e minha irmã sofrerem muito. Por que não enfrentei essa dificuldade? Se meu pai não se importava conosco, minha mãe nos amou muito.

– Betão, como fui tolo me envolvendo com tóxicos somente para provar que era corajoso ao ser desafiado por colegas de escola! Corajoso?! O adjetivo é bem outro: covarde! Tive medo de dizer não!

– Beto, tentei desculpar o meu envolvimento porque era filho adotivo. Em vez de ser grato por me ter sido oferecido um lar onde fui amado, envolvi-me com tóxicos e fui o maior prejudicado.

Pior eram os que praticaram atos errados, como roubar, traficar ou até assassinar.

– Tudo pelas drogas! – diziam alguns.

– Mas usamos por escolha – eu respondia.

E os que ali estavam, que não sabiam das conseqüências, tinham algumas atenuantes, mas os que tinham conhecimentos sofriam mais.

Por ter sentido o que eles sentiam, eu tentava consolá-los, orientá-los com muito carinho. Espelhava-me nos meus benfeitores.

– Beto! – chamou-me um interno. – Hoje é aniversário de minha mãe. Queria tanto estar com ela, em casa, não como viciado, mas como um menino que fui. Queria tanto abraçá-la, beijá-la e dizer que a amo! Por que será, Beto, que somente compreendi que a amo quando não a tenho mais ao meu lado?

– Um dia, quando ela desencarnar, você poderá abraçá-la e lhe dizer que a ama. Ore por ela, envie-lhe pensamentos de carinho. Com certeza, sua mãezinha receberá como uma intuição que você está bem e será, certamente, o melhor presente que receberá.

Eu estava sempre agradecendo a meus pais, como também já lhes tinha pedido perdão. Ah, se não fossem eles! Com certeza, teria sofrido muito mais. Gosto de abraçá-los e dizer-lhes:

– Eu os amo!

Acho que Deus nos deu pais para amenizar nossos padecimentos.

Aqui está meu relato, de um jovem sadio que, pelo abuso, pelas drogas, tornou-se doente e sofreu muito.

Como me arrependo por ter experimentado drogas! Nada justifica meu envolvimento com os tóxicos. Era feliz e não necessitava de nada. Mesmo se fosse infeliz – como muitos internos desencarnados que se desintoxicam alegam que foram – não se justificaria, porque pelo vício tornaram-se muito, mas muito mais infelizes.

Meus planos para o futuro são de continuar com meu trabalho e estudar para ser útil com conhecimento. Não quero reencarnar. Se pudesse opinar, queria continuar para sempre como estou. Morando com meus pais, com amigos leais e trabalhando. Porém, estágios são temporários, tanto no plano físico como na espiritualidade para aqueles que ainda necessitam reencarnar na Terra. Terei um dia de retornar à vestimenta carnal e espero ficar longe das drogas e, com toda personalidade que achava que tinha e que agora espero ter, afirmar:

– Não, obrigado! Sou feliz sem tóxicos! Não quero!

Explicação de Antônio Carlos

Mais um exemplo de imprudência no envolvimento com tóxicos. Luís Alberto abusou muito e com certeza para ele foi muito melhor ter ficado doente e não ter desencarnado logo pelas drogas. Quando desencarnou com câncer no fígado proveniente de abuso de drogas, pôde ser socorrido. Se tivesse desencarnado antes, certamente teria sido feito escravo, ou ido vagar com afins e se tornado um espírito muito sofredor.

Mas ele sofreu no período em que ficou doente e fez sofrer seus familiares.

Em locais de tratamento daqueles que encarnados foram toxicômanos, escutamos dos recém-abrigados muitas desculpas. Mas, como não são justificáveis, eles começam a entender que foram os únicos culpados, e o remorso dói.

O trabalho que esse convidado faz é muito bonito, ajuda na recuperação de muitos, da mesma forma como foi auxiliado.

Pergunta que muitos me fazem: Todos os toxicômanos se recuperam para reencarnar? Infelizmente, alguns não conseguem. Luís Alberto nos narra casos, da enfermaria em que trabalha, de desencarnados que não cometeram erros graves. Nosso narrador disse somente para os que cometeram faltas graves: "pior". Na espiritualidade, nada é por regra geral, cada caso é especial. Não é tratado do mesmo modo um toxicômano que somente prejudicou a si – embora seja difícil que alguém não tenha sofrido junto – e outro que assassinou, traficou etc. Nesse tratamento diferenciado o remorso pode perturbar muito e eles padecer mais. Os que estão nessa situação, perturbadíssimos, ficam em enfermarias especiais, onde trabalhadores treinados os auxiliam. E os que não se recuperam no hospital recebem a graça da reencarnação como remédio salutar para seu espírito. Muitas vezes, não conseguem ficar muito tempo na carne, desencarnam ainda na condição de fetos (lembro que abortos acontecem por várias razões). Mas essa tentativa é de muita importância porque, mesmo durante esse curto período, recebem a bênção do esquecimento. Voltando à espiritualidade, preparam-se para retornar ao plano físico.

Outra pergunta: Quando um toxicômano danificou o cérebro físico, ele pode reencarnar com deficiências? Não posso responder com sim ou não. Alguns toxicômanos que lesaram o cérebro físico sadio pelo abuso de drogas danificaram também seu perispírito. Uns reagem ao tratamento, recuperam-se; outros não. Embora todos os que abusaram e se desequilibraram necessitem ser harmonizados, se não o fizerem pelo amor, farão pela dor. Os que não reagirem podem reencarnar como deficientes mentais, recuperando-se no físico. Tudo o que se danificou necessita ser recuperado. Deficiências são reações, e as ações, as causas, são diversas.

Luís Alberto diz que não quer reencarnar porque tem medo de se envolver com tóxicos novamente. Quem sofreu como ele, por uma causa, teme-a.

Como um simples fato pode mudar a vida de uma pessoa! Experimente. E tornou-se um dependente! Quantas vezes nos defrontamos com uma decisão que faz mudar radicalmente nossa vida. Devemos prestar muita atenção às nossas atitudes no presente, porque o futuro será presente um dia e as reações dos nossos atos são infalíveis.

9

O farrista

Farro ou Fá

Recebi ao reencarnar um nome importante para minha família e para mim: o mesmo de vovô e de papai. Meu avô, benemérito da cidade em que morávamos, um dos seus fundadores, e meu pai, uma pessoa boa, conhecida por sua honestidade. Por isso, identifico-me com meu apelido. Minha turma me chamava de Farro ou Fá.

Sou filho do segundo casamento do meu pai, que, na ocasião em que nasci, já era avô. Minha mãe, uma pessoa culta e muito religiosa, me teve aos 39 anos. Mamãe tinha somente uma irmã, que era viúva e sem filhos. Essa tia era como se fosse também minha mãe. As duas me mimaram demais.

Louro, de pele clara, olhos azuis, cabelos cacheados, eu me parecia com aqueles anjos pintados nas igrejas. Acostumara a escutar desde garoto:

– Que criança bela!

– É lindo!

– Parece um anjo!

– Não somente parece, é um anjo! – respondia minha tia ou minha mãe agradecendo os elogios.

Até meu pai se rendeu aos meus encantos, educando-me diferente dos outros filhos. Meus irmãos são pessoas boas, honestas, estudadas e educadas.

Como quase sempre acontece com crianças criadas sem limites, fui briguento, autoritário e tinha respostas arrogantes. Mas sabia também ser cativante, principalmente com as duas, mãe e tia.

– Amo você! É linda! A melhor do mundo! Desculpe-me!

Beijos, abraços e pronto, estava desculpado.

Tive tudo o que queria. Bastava dizer que um objeto era bonito e horas depois o estava recebendo de presente.

Meus irmãos tentaram alertar meu pai que eu estava sendo muito mimado, mas as duas me defenderam:

– Estão com ciúmes! Nenhum filho dele é lindo como o nosso!

Na escola, logo me enturmei com afins e ganhei o apelido de Farrista na terceira série. Era levado, inquieto e exigia que fizessem o que eu queria, como fazia em casa. As professoras reclamavam de mim, e para tudo o que eu fazia, as duas tinham desculpas:

– Quem é bonito demais causa inveja! – ou então – Ele é bonzinho, os outros são mal-educados!

Minhas notas, que eram médias, passaram a ser ruins. Mas para elas eu era o melhor aluno da classe. Meu pai acabou se convencendo e também me achava o máximo.

Aqui na espiritualidade já dei desculpas, tentei justificar meus atos dizendo que me sentia vazio, que não me deixaram lutar para ter o que queria, que necessitava de limites, que não fui educado como deveria ou que o excesso de amor me prejudicou. Mas nada disso foi considerado, não foi justificado.

Minha família era católica fervorosa e tentou fazer com que eu a seguisse, que freqüentasse a igreja. Quando criança, ia; mas na adolescência não fui mais, e dizia:

– Vocês oram por mim!

E eles rezavam.

Com 12 anos, fumei escondido cigarro de tabaco, viciei-me. Aos 13, bebia e já me embriagava. Quando faltavam dois meses para completar 15 anos, experimentei cigarros de maconha e me tornei dependente.

Continuei muito bonito, ainda parecia um anjo. Compreendo agora que possuía uma beleza artificial, pois como eu era desagradável, arrogante, egoísta e sarcástico, as pessoas, ao conviverem comigo, não me achavam mais bonito. Meus olhos azuis estavam sempre avermelhados, escondia-os com óculos escuros.

Com o gasto na aquisição das drogas, eu estava sempre precisando de dinheiro, por isso tornei-me mais dócil em casa.

– Não falei para termos paciência? – dizia mamãe. – Nosso menino está ajuizado. É um bom filho!

Eu tinha repetido por dois anos na escola, não estudava, nem trabalhava e farreava muito.

– Farro, vamos dar uma festa! Você compra as bebidas?

Concordei em dar as bebidas, mas, como não tinha dinheiro, abri o cofre de casa e roubei. Quando meu pai deu por falta, convenci titia e mamãe que meu pai, com quase 80 anos, não estava raciocinando direito. Com certeza fora ele que pegara o dinheiro e se esquecera; eu lhes disse que elas é que deveriam tomar conta das finanças.

Meus irmãos sabiam de quase tudo o que eu fazia. Contaram aos meus pais, que não acreditaram. Titia e mamãe imaginavam que eu era como elas queriam.

Meu pai e meus irmãos eram sócios em vários negócios. Resolveram nessa época desfazer a sociedade. Meus irmãos temiam que, se papai morresse, por herança eu fizesse parte da sociedade. Entendo agora que meus irmãos tinham razão por não me quererem por perto como sócio. Meu pai ficou com muitos bens, daria para vivermos muito bem, principalmente porque mamãe e titia estavam aposentadas.

Aos 16 anos, quando ganhei uma moto, já estava viciado em tabaco, maconha, cocaína e às vezes tomava

LSD. Ia com a turma – éramos nessa época oito, três meninas e cinco garotos – para lugares afastados, para a estrada de ferro, pouco freqüentada para usar drogas.

Vendi a moto e expliquei em casa:

– Não quero que vocês se preocupem comigo. Moto é um veículo perigoso. Assim, vendi-a e coloquei o dinheiro no banco em meu nome.

Menti, gastei-o em drogas. Eles acreditaram e acharam o máximo.

Como fui reprovado na escola novamente, papai, mamãe e titia preocuparam-se e resolveram verificar o que eu fazia. Souberam das minhas farras, que eu fumava, bebia e que estava me drogando. Foi uma choradeira, papai sentiu-se mal. Fiquei com medo e não saí de casa. Como também chorei, me desculpei e prometi não me encontrar mais com aqueles amigos, tudo voltou ao normal.

– São os amigos! Eles é que não prestam! Nosso menino é bonzinho e acredita em todos. Ele não usa drogas! – afirmou mamãe.

Minha tia foi mais enérgica comigo, mas acabou se rendendo após muitos abraços e beijos; papai se recuperou e, escondido, voltei a sair com a turma.

Aos 18 anos, saí da escola prometendo voltar a estudar no ano seguinte. Sempre "no ano que vem" e esse "que vem" não chegava porque era adiado.

Aos 19 anos, drogava-me até em casa e passei a roubar objetos do meu lar para ter dinheiro.

Meus familiares sofriam e choravam. Eu me defendia:

– Sou viciado, mas não tenho culpa! Vocês é que são culpados!

– Como nós? – indagou titia.

– Vocês, sim. Sempre me deram tudo e acabei, por ter dinheiro, induzido a me drogar por más companhias.

Parecia um anjo arrependido, chorava e elas me confortavam. Passaram a me vigiar, a ficar comigo mais tempo. Nas crises, queria drogas, agredia-as, mas elas permaneciam firmes ao meu lado. Eu fugia e usava drogas, voltava e fingia estar arrependido e sofrendo.

Aos 20 anos, briguei com um garoto da turma, ele me feriu com um canivete, um corte no abdome. Cheguei em casa ensangüentado, eles tomaram susto e me levaram ao hospital. Meu pai sentiu-se mal.

– Você ainda vai matar o papai! – disse um dos meus irmãos.

– Eu não! Acha que com a idade do papai ele vai viver mais até quando? – respondi.

Em casa, eles conversaram comigo, pediram-me para parar de me drogar, ser ajuizado. Prometi. Minha tia veio morar conosco para ajudar mamãe a cuidar do meu pai e de mim. Totalmente dependente, não agüentava ficar sem me drogar. Peguei titia pelo braço e roguei chorando:

– Me dê dinheiro, senão eu morro!

– Não – respondeu titia –, se der, você irá comprar essas drogas.

– Titia, se não me der, vou roubar e com certeza serei preso.

– Não dou!

Fui à casa de um dos meus irmãos e roubei dinheiro e duas telas dele. Vendi-as e comprei drogas. As telas eram valiosas, ele as recuperou. Meus irmãos me proibiram de entrar na casa deles.

Completamente dependente, roubei dinheiro até de nossa empregada e tudo de valor que consegui pegar em casa. Era debochado, briguento, farrista e inconseqüente.

Ia fazer 21 anos. Numa noite, peguei escondido o carro de minha tia e fomos, minha turma e eu, a uma cidade vizinha. Drogado e em alta velocidade, joguei o carro num barranco. Desencarnei, os outros ficaram feridos.

Meu pai, mamãe e titia sofreram muito e ainda me desculparam.

– Foram os amigos, as más companhias! Um acidente infeliz! Com certeza, foi fechado por outro carro!

– Nosso menino, para não ferir mais ninguém, jogou o carro num barranco! Coitado!

Sentiram-se infelizes, o anjo da vida deles morreu.

Vi de modo confuso o acidente, o barranco, a batida, o barulho. Acho que desmaiei, apaguei, dormi, quando acordei estava acorrentado num local escuro e fétido. Correntes nos tornozelos e nos pulsos.

– Onde estou? O que faço aqui?

Gargalhadas horripilantes em resposta. Tive medo e chamei pelas duas:

– Mamãe! Titia!

Comecei a sentir falta das drogas. Foi uma crise terrível. Quando melhorei, senti dores no abdome e em um ferimento na testa, que sangrava; as correntes me machucavam, senti fome e muita sede. Chorei.

– Então o garotão, o Farro – Fá, para os íntimos –, o Anjo Mau acordou. Quer saber onde está?

Vi o homem que falou, estava acompanhado de outros dois. Meu coração bateu forte, apavorei-me. Parecia que os conhecia, senti o ódio deles.

– Não se lembra de nós? – perguntou um deles falando o meu nome completo. – Você usava esse mesmo nome quando nos maltratou, torturou e desonrou. A lista de maldades que fez conosco é muito grande.

– Não me lembro. Por favor, eu... – murmurei temeroso.

– Cale-se e escute! – gritou o homem – Você foi o nosso carrasco. Achou que ia ficar sem o retorno de suas maldades? Esperamos anos para nos vingar. Quando você desencarnou na sua outra existência, pudemos castigá-lo, mas não foi o bastante, acabou sendo socorrido. Mas soubemos esperar. Pena que ficaram somente três de nós, os outros acabaram desistindo. Você retornou à carne, reencarnou, achamo-lo e nossa vingança foi excelente!

– Demos a corda para que você próprio se enforcasse! – disse o outro rindo.

Gargalharam.

– Foi muito fácil – continuou a falar o que parecia ser o chefe dos três. – Bastou incentivá-lo e você nos atendeu, envolveu-se com as drogas e se arruinou sozinho.

Chutaram-me, continuaram rindo.

– E, para completar nossa vingança, vamos deixá-lo preso e sem as drogas. Irá sofrer bastante!

Afastaram-se, foram embora rindo. Tudo estava sendo muito confuso para mim. Fiquei sozinho no que parecia ser uma caverna, senti um medo terrível. Sonhava? Que acontecia comigo? Efeito das drogas? Mas, ao sentir falta das drogas, concluí que o que estava acontecendo comigo não era por causa delas.

Devia ser verdade. Tinha morrido! Aquele acidente me matou e minha alma devia estar no inferno. Aqueles homens eram os demônios. Tentei me soltar, não consegui. Chorei. Novamente a crise. Muitas dores. Quando melhorei, pensei:

"Acho que aqueles homens têm razão! Sinto que os fiz sofrer. Mas como? Sinto que são conhecidos mas, ao mesmo tempo, tenho certeza de que não os conheço".

Eles novamente vieram me ver.

– Como está, Anjo Mau? – perguntou o chefe.

– Sofro muito! – respondi. – Por favor, me solte! Vocês dizem que eu lhes fiz mal. Afirmo que não! Fui um farrista, drogado, mas não maltratei ninguém.

– Pode ser que nessa reencarnação não maltratou, mas na sua outra fez maldades! Pense bem e se recordará. Vivemos, nós espíritos, muitas vezes em corpos físicos diferentes. Você, no passado, foi respeitado, tido como benemérito, mas escondido era um carrasco. Estamos nos vingando.

– Não me lembro! Por que se vingam?

– Nós lembramos! Vai ficar aí preso e sem as drogas. Você vai sofrer muito! De fato, demos a corda para que se enforcasse, isto é, incentivamos e você se prejudicou sozinho. Nem seremos culpados!

– Isso é que é vingança! – exclamou o outro.

Riram.

Crises. Achei que ia ficar louco. Acho que por horas ficava demente. Ansiava por comer qualquer coisa, beber água – até suja – e ter um pouquinho de qualquer droga. Nada. As crises foram escasseando. Novamente, a visita dos três.

– Acho, chefe, que nosso carrasco está se desintoxicando – comentou um deles. – Isso é ruim!

– Muito ruim! – expressou o chefe. – Você está com razão. Vamos libertá-lo e levá-lo para que vampirize uns encarnados que se drogam para que tenha novamente as crises espetaculares.

Soltaram-me; aos empurrões me levaram para fora daquele buraco. Ao ver as ruas da cidade, senti-me aliviado. Deixaram-me tomar água e tirar energias de uma pessoa que se alimentava. Senti-me melhor. Colocaram-me perto de um grupo que ia se drogar.

– Fique com eles, depois acharemos você. Viu como somos bonzinhos? Desejamos que curta as drogas.

Gargalharam.

Fiquei perto dos jovens. Percebi a diferença entre o corpo deles e o meu.

"Se eles", pensei, "querem que eu fique perto desses jovens e que eu sugue as drogas que irão tomar, é para me prejudicar e castigar novamente. Sofri muito pela faltas delas. Preciso ser forte e não fazer o que eles querem. Que devo fazer?"

Já havia sentido que oravam por mim. E, quando sentia isso, me fortalecia. Sentei no chão e fiquei olhando a alguns metros de distância os jovens encarnados que se preparavam para se drogar.

Embora tivesse abusado sempre dos três, pai, mãe e tia, pelo enorme afeto que sentiam por mim, eu os amava. Pensei neles e senti que sofriam e oravam por mim. Lembrei-me da igreja que tinha os anjos pintados, com os quais diziam que eu parecia.

De repente, comecei a escutar mamãe e titia, como se elas estivessem dentro de mim ou ao meu lado:

– Meu menino, faça igual a Patrícia!

– Nós lhe oferecemos estas flores, que elas perfumem sua vida!

"Quem será essa Patrícia? O que será que ela fazia e o que devo fazer igual?", indaguei em pensamento.

E as falas continuaram:

– Você deve ficar bem! Ore! Peça ajuda a Deus! Patrícia irá ajudá-lo!

– Quero ajuda! Não sei quem é essa Patrícia, mas se ela puder me ajudar, aceito! – exclamei.

"Devo fugir para que eles não me encontrem. A igreja! Vou para lá!", pensei.

Olhei a turma se drogando e, por momentos, tive vontade de me aproximar e desfrutar das drogas, mas novamente escutei mamãe me pedindo:

– Fique longe das drogas! Reze!

Com dificuldade, pois sentia muitas dores e fraqueza, caminhei até a igreja, entrei, sentei num banco e orei.

– Não saio daqui! Na igreja, demônios não entram e aqueles três não me acharão! – concluí.

Dormi num canto, acordei e orei de novo.

Pessoas de aspecto bondoso aproximaram-se de mim. Percebi que eram como eu, desencarnados. Conversaram comigo e pedi-lhes proteção, ajuda.

– Foram feitas muitas orações a seu favor – explicou um deles. – Clamaram tanto por você que a equipe que trabalha para Maria, mãe de Jesus, observou-o. Agora que você ora também e quer ajuda, vamos socorrê-lo.

Fui levado para um hospital na espiritualidade. Nos primeiros dias, achei tudo muito estranho. Nunca pensei que, ao ter o corpo físico morto, fosse defrontar com hospitais, cidades e que para me sentir bem teria de receber tratamento. E também que, se o rancor continuasse, a vingança seria possível.

Minha recuperação foi lenta e não senti muito a falta das drogas. Aqueles três desencarnados que me odiavam divertiram-se com minhas crises de abstinência, mas acabaram me fazendo um bem, pois me desintoxiquei.

Soube que, ao desencarnar, os três me desligaram e não sugaram minhas energias para que eu não me perturbasse demais. Queriam-me consciente para entender que se vingavam e, depois, eles não eram viciados e minhas energias estavam saturadas de tóxicos.

Bem instalado no hospital, onde tinha um leito limpo para dormir, não sentia mais fome nem sede, e as dores estavam diminuindo. E os incentivos de mamãe e titia continuaram:

– Faça como Patrícia, seja obediente! Conheça o local bonito em que está! Estude e trabalhe! Seja igual a Patrícia!

"Quem será essa Patrícia?"

Pensava e não me lembrava de ter conhecido nenhuma Patrícia.

– Devo ser obediente e grato. Se não me comportar, e for expulso daqui, aqueles três me acham e serei preso naquele lugar horrível de novo! Não sei quem é Patrícia nem o que ela fazia, mas deve ter sido uma pessoa boa. Vou tentar ser bonzinho.

De tanto as duas, mãe e tia, me mandarem recados para eu ser e agir como essa Patrícia, indaguei a um enfermeiro:

– Senhor, tenho recebido recados de minha mãe e de minha tia. Elas estão vivas. Como isso é possível?

– Vivos todos nós estamos: elas no plano físico, encarnadas, nós na espiritualidade, desencarnados. Isso é possível pela força do amor. Com certeza, ambas, sua mãe e sua tia, amam-no demais. Você as sente, porque em orações, confiando, elas mandam recados e, pela bondade de Deus, você recebe, como se as escutasse. É transmissão de pensamento.

– Às vezes – disse –, sinto-as chorando de saudades e as escuto que não querem me prejudicar. E que é para eu ser, agir como a Patrícia. Mas não sei quem ela é.

– Acho que sei – falou o enfermeiro. – Vou trazer um livro para você ler.

"Ler? Não gosto de ler!", pensei.

Mas li. À tarde, o enfermeiro, como prometeu, me trouxe o livro *Violetas na janela*, escrito por Patrícia. Sentei-me numa poltrona, li e adormeci. Acordei; após fazer algumas tarefas, voltei à leitura. Chorei muitas vezes. Minhas atitudes quando encarnado e a minha desencarnação foram muito diferentes das dessa autora. Como imitá-la? O enfermeiro me consolou:

– Meu jovem, o que você fez ficou no passado. Agora, no presente, você pode imitá-la.

– Vou tentar! – afirmei.

E tentei. Foi então que "remorri". Aceitei a desencarnação, tive ânimo para fazer pequenas tarefas. Quis ficar bem.

Recebi meses depois a visita de mamãe e de titia. Elas continuavam encarnadas, deixaram o corpo físico adormecido e foram trazidas em espírito pelos trabalhadores da colônia ao jardim do hospital. Abraçamo-nos e nos beijamos. Pedi perdão e elas, que também me pediram:

– Falhamos na sua educação – lastimaram.

– Não, vocês me amaram demais e eu as amo muito – respondi.

– Você já viu a Patrícia? Está com ela? – perguntou titia.

– Eu não a vi, mas tenho feito esforço para agir como ela.

– Que bom! Lemos o livro *Violetas na janela*, que recebemos de presente. Essa leitura nos confortou e passamos a imaginar que você estava como ela narrou no livro. Fizemos bem?

– Sim, e como! – exclamei alegre.

Atualmente, faço pequenas tarefas. Vou estudar, quero trabalhar e ser útil. Chega de inutilidade. Quero e estou me esforçando para aprender a gostar de estudar e de trabalhar. Quando encarnado, eu e meus amigos afins, tínhamos o estudo e o trabalho como um castigo.

– Amanhã é segunda-feira, que chato, vou ter de ir à escola!

– Eu, trabalhar? Que horror!

Eu não entendia que estudar e trabalhar são uma grande oportunidade!

O leitor já deve ter compreendido que em reencarnação passada fui o meu avô, o do nome importante. Fiz coisas boas, mas também algumas ruins, e escondido. Desencarnei, sofri e pessoas que foram por mim beneficiadas me socorreram. Reencarnei, e os três que não me perdoaram vingaram-se de mim. Incentivaram-me a me viciar em drogas. Viciado, prejudicaria a mim mesmo.

Ter sido obsediado não justifica meus atos, meu envolvimento com o tóxico. Primeiro, não se deve fazer maldades a ninguém, para não ser alvo de vingança. Segundo, escutamos e atendemos a quem queremos. Obsessores esbarram no livre-arbítrio. Eu os escutei e os atendi.

Quero me encontrar com eles e rogar-lhes perdão. Ainda não sei o que lhes fiz. Não me é possível nem recomendável recordar no momento. Basta o remorso dos meus erros dessa minha última encarnação.

Arrependo-me muito por ter me envolvido com os tóxicos. Meus três afetos não mereciam sofrer tanto assim pelos meus atos imprudentes.

Sei, e disso me recordo bem, que antes de reencarnar firmei o propósito de ajudar esses meus afetos na velhice deles. Queria ser um filho excelente, sobrinho exemplar, companheiro. Eles mereciam. Modifiquei o que planejei. Com minha atitude inconseqüente, desencarnei antes do planejado fazendo-os sofrer muito. Fui considerado aqui na espiritualidade um suicida inconsciente. Tóxicos envenenam o organismo e eu peguei escondido um veículo, dirigi em velocidade e, num segundo, mudei de plano. Pensei muito sobre isso e indaguei ao Antônio Carlos, que me convidou a fazer este relato.

– Papai, mamãe e titia não mereciam sofrer pelas minhas atitudes nem pelo meu desencarne. Esse sofrimento não era reações deles. Por que sofreram?

Ele gentilmente me explicou a razão.

Quero agora ser um anjo bom e quando eles desencarnarem recebê-los com beijos, abraços sinceros e com muito amor.

Explicação de Antônio Carlos

Quando um espírito retorna ao plano físico pela reencarnação, normalmente o faz com o intuito de se melhorar e progredir. Na infância, aprende-se muito, e a responsabilidade dos pais é grande diante desse ser que se reinicia na sua educação. Limites devem ser impostos. Amar é também educar, dar exemplos, corrigir sem usar de violência.

Este nosso convidado, espírito orgulhoso e com falhas a serem corrigidas, foi muito amado mas não lhe impuseram limites, tão necessários à formação de seu caráter.

Os três obsessores, desafetos, não conseguiram se vingar dele como queriam. Isso pela religiosidade da mãe e da tia. Ele não orava, mas elas sim, e a oração protege muito quem as faz e ele se beneficiou pelo lar protegido. Que força maravilhosa é essa de que dispomos ao orar!

Esses obsessores vingaram-se dele incentivando-o a se envolver com tóxicos. Ele infelizmente os atendeu. E como disseram: Farro por ele mesmo se destruiu.

As obsessões se resolvem muitas vezes com a freqüência a centros espíritas. O obsediado, porém, tem de se melhorar para sair da faixa vibratória de quem o incomoda. Cada um deve mudar para melhorar a si mesmo e não forçar para que o outro se modifique.

Sua família continuou ajudando-o com amor. Oraram muito por ele, e orações têm endereço certo. Mesmo preso num buraco, no umbral, esses desafetos não conseguiram torturá-lo, pois a energia benéfica da prece o protegeu.

Respondi à indagação dele: o porquê de seu pai, mãe e tia terem sofrido e, como achei interessante essa questão, respondo também aos leitores.

Muitas vezes, esquecemos que a Terra, além de ser um lugar de expiações, é também de provas. Um espírito, querendo provar a si mesmo que aprendeu a perdoar, reencarna e passa por situações em que terá de usar o perdão. Mas, quando temos de desculpar alguém, é porque fomos ofendidos e normalmente ofensas trazem sofrimentos. Nenhuma pessoa é programada a reencarnar para ofender. Mas aquele que quer provar a si mesmo que é capaz de não ter rancores encontra-se com espíritos que podem ofender facilmente. Outros espíritos querem provar a si mesmos que, diante de enfermidades, irão sofrer sem reclamar ou se revoltar. E por doenças sofrem. Como numa escola, o aluno muda de série provando que aprendeu; pelo menos nas escolas do plano físico deveria ser assim. Quem obteve sucesso em seus propósitos caminhou para o progresso, aprendeu adquirindo conhecimentos que não se perdem. Não é bom ver os sofrimentos somente pelo aspecto negativo. A dor nos ensina muito.

Então sofremos as reações de erros cometidos por nós. A dor reequilibra onde houve desequilíbrio.

Sofre-se para provar algo a si mesmo.

Também se sofre por renúncia. Uma pessoa ama tanto uma outra que passa por uma expiação ou prova que prefere estar junto dela e, conseqüentemente, escolhe sofrer também. E esse padecimento a faz crescer espiritualmente. Exemplo: pais cujo filho ou filha tem por necessidade uma desencarnação precoce preferem ter esse afeto perto mesmo que por pouco tempo. E quando seus filhos desencarnam sentem sua falta e a dor de sua ausência.

E, muitas pessoas, como tenho observado, dizem sofrer por ter de estudar para saber, trabalhar para obter o de que necessitam. Esse narrador quer gostar de aprender e trabalhar. Compreendeu que essas bênçãos, estudos e tarefas, não podem ser consideradas castigos, mas dádivas que recebemos do Criador. Repetir a lição é uma grandiosa oportunidade de um recomeço e às vezes temos de ter como lição o trabalho árduo. Quem assimilou isso não sofre por ter de estudar e trabalhar.

Seus três afetos, pai, mãe e tia, não tinham se programado para passar por esses sofrimentos nem tinham necessidade disso. Mas, com certeza, aprenderam muito com a dor, cresceram espiritualmente. Talvez tenham provado a si mesmos que diante desses acontecimentos dolorosos não se desesperaram, não se revoltaram, continuaram religiosos. Com suas preces, suavizaram suas dores e a de Farro. Souberam sofrer. Revoltar-se com a dor é humano, mas ser derrotado por ela é triste. Eles foram vitoriosos. Bem-aventurados os que sofrem, disse Jesus. Porque souberam sofrer, compreenderam que as dificuldades são fatos externos. E a paz da consciência harmonizada no bem e no amor nos dá tranqüilidade.

O livro Violetas na janela[1] *com certeza foi o bálsamo para o espírito sofrido dos três – pai, mãe e tia. Temos na espiritualidade os bons livros que os encarnados têm para ler e se informar. Essa obra, no plano espiritual, traz mais algumas explicações direcionadas aos desencarnados. Como disse sua autora, Patrícia: "De fato, essa obra tem ajudado muito os encarnados a enfrentar a dor da separação, mas os maiores beneficiados têm sido os desencarnados". E Farro foi um deles. Sua família seguiu o exemplo dos pais de Patrícia, José Carlos e Anézia, e o incentivou a pedir socorro, a ser obediente, a se adaptar, a ser útil. Patrícia, pelos seus muitos afazeres, não tem socorrido os que pedem. Mas outros o fazem em seu nome.*

1. *Violetas na janela*, do Espírito Patrícia, que psicografei, foi editado pela Petit Editora. Patrícia atualmente estuda e leciona em colônias de estudo e raramente vem à Terra e quando o faz é para rever familiares. Quando pedimos em oração ajuda a alguém específico e este não pode atender outros espíritos bondosos o fazem com autorização divina. O importante é fazer o bem sem olhar a quem. (Nota da Médium)

Conclusão

Com certeza, o leitor se comoveu com alguns desses relatos. E alguns poderão indagar: Por que esse flagelo? Por que os tóxicos têm estado em evidência? Por causa do egoísmo de muitos encarnados, de traficantes que querem ter posses sem se importar com as conseqüências que trazem aos outros. Também porque muitos desencarnados maldosos se agrupam para o incentivo desse consumo, para se vingar ou para desestruturar famílias. E para ambos, encarnados e desencarnados, é normalmente tarefa fácil: basta incentivar e, se atendidos, o usuário age por eles.

E por que muitos caem nessa armadilha? Temos o nosso livre-arbítrio, escutamos, atendemos, seguimos a quem queremos. Assim, todos são responsáveis por seus atos. Embora pela mesma ação, pode-se ter reações diferentes. É certo, porém, que dependentes químicos sofrem e seus familiares também.

Muitos usuários dizem-se insatisfeitos, vazios e infelizes: culpam as situações e os outros; têm conflitos e desejos; queriam ter posses, bens materiais etc. Não entendem que mudamos somente a nós mesmos.

A maioria começa a se drogar quando o corpo físico é jovem. Nessa idade, já se pode sentir vazio? Não devemos esquecer que todos nós somos espíritos milenares e que temos de resolver nossos problemas no presente para não levarmos esse vazio existencial para as futuras encarnações.

Não se deve confundir prazeres com felicidade ou sofrimentos com infelicidade. A felicidade é um estado de consciência tranqüila, de equilíbrio e de harmonia com as Leis Divinas.

E muitos, ao se sentirem infelizes, tentam esquecer esse estado com diversões de muitas maneiras: vão em busca de prazeres, ilusões e preenchimento da sensação de vazio. E infelizmente alguns se envolvem com algo que vai prejudicá-los muito: os tóxicos.

Tudo seria mais fácil se voltassem seu pensamento para uma religião, compreendessem melhor a vida nos seus estágios físico e espiritual, fizessem o bem e se dedicassem ao trabalho.

O trabalho com certeza preenche esse vazio existencial porque por ele aprendemos a direcionar nossa satisfação para a fonte do bem. Não me refiro somente ao trabalho físico e mental, mas principalmente ao espiritual, que nos sustentará quando a desencarnação vier.

Tóxicos – esse problema está aí afligindo a tantos! Prevenir ainda é o melhor caminho. Os pais devem ter com os filhos diálogos sinceros, instruir sem omitir, procurar explicar com carinho, estar atentos a comportamentos, ser religiosos e exemplificar com atitudes. Tudo isso são conselhos práticos, porém o mais importante é o amor. Para amarmos de maneira correta, basta seguir os ensinamentos de Jesus.

Que o amor floresça em nosso coração porque somente por ele teremos bons frutos que nos sustentarão em todos os momentos de nossa vida.

Antônio Carlos

Ao terminar a leitura deste livro, talvez você tenha ficado com algumas dúvidas e perguntas a fazer, o que é um bom sinal. Sinal de que está em busca de explicações para a vida. Todas as respostas que você precisa estão nas Obras Básicas de Allan Kardec.

Se você gostou deste livro, o que acha de fazer com que outras pessoas venham a conhecê-lo também? Poderia comentá-lo com aquelas do seu relacionamento, dar de presente a alguém que talvez esteja precisando ou até mesmo emprestar àquele que não tem condições de comprá-lo. O importante é a divulgação da boa leitura, principalmente a da literatura espírita. Entre nessa corrente!

Sucessos da Butterfly Editora

Donizeti Costa

LER FAZ BEM À ALMA

O maravilhoso mundo dos livros: sua história, obras mais indicadas para aqueles que estão nos primeiros passos em direção aos grandes autores, sugestões para facilitar a leitura e trechos de livros e bibliografia. Acompanhando o livro, um *botton* muito especial.

Floriano Serra

A EMPRESA SORRISO

A felicidade e a realização profissional inteiramente ao seu alcance! Administração de conflitos, assédio moral, criatividade, espiritualidade, liderança, mau uso do poder, trabalho em equipe etc. – explicações e sugestões para vencer dificuldades.

Robert Holden

DESPERTE A SUA SABEDORIA E DESCUBRA O SEU POTENCIAL

São livros da coleção *Sucesso Inteligente*, *best-seller* do escritor inglês Robert Holden. Revelações, sugestões e casos verídicos para o leitor ganhar uma vida nova, plena de sucesso e realizações.

Lee Carroll & Jan Tober

CRIANÇAS ÍNDIGO

Preparadas na espiritualidade, são diferentes e estão nascendo em todos os continentes. Neste livro – traduzido para vários idiomas, *best-seller* nos Estados Unidos – pais, educadores e psicólogos encontram tudo o que precisam saber para entender e conviver com as crianças índigo – líderes de um mundo em transformação.

Yitta Halberstam & Judith Leventhal

MILAGRES DE AMOR E AMIZADE

Especialmente recomendado para presentear aqueles a quem amamos e desejamos reconfortar. Sessenta e quatro histórias verídicas e emocionantes que nos revelam verdadeiros milagres, sublimes intervenções da providência divina no destino das pessoas. Quando tudo parece perdido, eis que um milagre acontece...